OBJETS D'ART

ET D'AMEUBLEMENT

TABLEAUX ANCIENS

PROVENANT DE LA LIQUIDATION

DE L'ANCIENNE SOCIÉTÉ SELIGMANN

Première Vente.

OBJETS D'ART

ET D'AMEUBLEMENT

PORCELAINES DE CHINE

Tapisseries des Gobelins et de Beauvais

TABLEAUX ANCIENS

PROVENANT DE LA

Liquidation de l'ancienne Société SELIGMANN

CONDITIONS DE LA VENTE

Elle sera faite au comptant.

Les acquéreurs paieront *dix pour cent* en sus des enchères.

Paris. — Imp. Georges Petit, 12, rue Godot-de-Mauroi. — 23553-14.

CATALOGUE

DES

OBJETS D'ART

ET D'AMEUBLEMENT

PORCELAINES DE CHINE

Porcelaines de Sèvres, de Saxe, etc.

BOITES & MINIATURES

Objets de vitrine — Orfèvrerie

Pendules — Bronzes — Meubles

SCULPTURES

PARAVENT DE LA SAVONNERIE — SIEGES EN TAPISSERIE

Tapisseries des Gobelins et de Beauvais

TABLEAUX ANCIENS

PAR

CORNEILLE DE LYON, L. CRANACH, H. GOLTZIUS, F. BOUCHER
J.-B. HUET, Mlle VIGÉE LEBRUN, J.-B. OUDRY, HUBERT ROBERT, A. ROSLIN
JAN STEEN, ETC.

PASTELS — DESSINS — GOUACHES

Provenant de la liquidation de l'ancienne Société SELIGMANN

ET DONT LA VENTE AURA LIEU A PARIS

GALERIE GEORGES PETIT, 8, rue de Sèze

Les Lundi 9, Mardi 10, Mercredi 11 et Jeudi 12 Mars 1914

à 2 heures

COMMISSAIRES-PRISEURS

Me F. LAIR-DUBREUIL	**Me HENRI BAUDOIN**
6, rue Favart, 6	10, rue Grange-Batelière, 10

EXPERTS

Pour les Tableaux :

M. GEORGES SORTAIS, PEINTRE	**M. JULES FERAL**
Expert près le Tribunal Civil de la Seine	7, rue Saint-Georges, 7
11, rue Scribe, 11	PARIS

Pour les Objets d'Art :

MM. MANNHEIM	**MM. PAULME & B. LASQUIN FILS**
7, rue Saint-Georges, 7	10, rue Chauchat — rue Grange-Batelière, 11

EXPOSITIONS

PARTICULIÈRE : *Le Samedi 7 Mars 1914, de 1 heure 1/2 à 6 heures.*

PUBLIQUE : *Le Dimanche 8 Mars 1914, de 1 heure 1/2 à 6 heures.*

ORDRE DES VACATIONS

Le Lundi 9 Mars 1914

Le Mardi 10 Mars 1914

Le Mercredi 11 Mars 1914

Le Jeudi 12 Mars 1914

Objets d'Art & d'Ameublement

PORCELAINES DE CHINE

PORCELAINES DU JAPON

1 — Coupe ronde avec couvercle en ancienne porcelaine de Chine, à décor de fleurs et rinceaux; feuillages sur fond rouge. Époque des Ming. Monture en bronze.

Hauteur totale, 18 cent.

2 — Deux potiches avec couvercles en ancienne porcelaine de Chine, décor de rochers, ustensiles et fleurs en vert, jaune et blanc sur fond violet vermiculé noir. Époque des Ming.

Haut., 35 cent.

3 — Vase-rouleau en ancienne porcelaine de Chine, décoré sur fond imbriqué rouge de fer, de branches fleuries et d'oiseaux. Époque des Ming.

Haut., 36 cent.

4 — Vase-balustre ajouré à goulot étroit, en ancienne porcelaine de Chine, décoré en relief de personnages, fleurs et rochers, en bleu foncé, bleu turquoise, jaune et violet. Époque des Ming.

Haut., 28 cent.

5 — Bol en ancienne porcelaine de Chine, paysage animé de nombreux personnages. Nien-hao de Tching-hoa.

Haut., 10 cent.

6 — Bol en ancienne porcelaine de Chine émaillée sur biscuit, décoré intérieurement et extérieurement, sur fond vert vermiculé, de nombreux animaux, émaillés jaune, vert et violet. Nien-hao de Kia-Tsing.

Haut., 19 cent.

7 — Deux petits vases-balustres côtelés, sur bases mobiles ajourées, en ancienne porcelaine de Chine émaillée sur biscuit, simulant un faisceau de bambous chargés de fleurs. Émaux verts, jaunes et violets. Époque Wan-li.

Haut., 21 cent.

Reproduits dans *la Porcelaine de Chine*, par A. Du Sartel.

8 — Vase quadrilatéral en ancienne porcelaine de Chine, décoré sur fond blanc de compartiments variés de forme et contenant des fleurs, des paysages, des personnages et des animaux en relief et en couleurs. Bordures et épaulements à fleurs et rinceaux. Col orné de feuilles. Époque Kang-hi.

Haut., 48 cent.

9 — Grand flacon hexagone en ancienne porcelaine de Chine, personnages, rochers, fleurs et ustensiles. Époque Kang-hi. Bouchon moderne.

Haut., 28 cent.

10 — Deux vases-rouleaux en ancienne porcelaine de Chine, décorés, l'un d'un mandarin sur une estrade accompagné de guerriers, l'autre d'un sujet militaire. Cols décorés de bambous. Époque Kang-hi.

Haut., 47 cent.

11 — Vase-rouleau en ancienne porcelaine de Chine, présentant un sujet tiré d'un roman : scène de chasse que contemplent des personnages groupés sur le toit d'une habitation. Sur le col, les emblèmes de l'Écriture et de la Peinture. Époque Kang-hi.

Haut., 45 cent.

12 — Deux petits vases balustres à deux anses et à quatre faces, en ancienne porcelaine de Chine, fleurs et animaux. Époque Kang-hi.

Haut., 23 cent.

13 — Vase à panse ovoïde et col coupé, en ancienne porcelaine de Chine, à décor de personnages et habitations. Sur le col, le cheval sacré et les emblèmes de la Puissance et de l'Écriture. Époque Kang-hi.

Haut., 42 cent.

14 — Deux vases ovoïdes avec couvercles en ancienne porcelaine de Chine, décors variés à réserves contenant des paysages et des ustensiles sur fond jaune piqueté noir. Époque Kang-hi.

Haut., 23 cent.

15 — Vase en ancienne porcelaine de Chine, présentant une assemblée de personnages avec le cerf et la grue de longévité au premier plan. Sur le col, un paysage. Époque Kang-hi.

Haut., 44 cent.

16 — Vase en ancienne porcelaine de Chine, présentant une réunion de femmes et d'enfants. Sur le col, paysage animé. Époque Kang-hi.

Haut., 45 cent.

17 — Deux cornets en ancienne porcelaine de Chine, décorés de rosaces polychromes et de rinceaux en blanc sur fond rouge de fer. Époque Kang-hi.

Haut., 24 cent.

18 — Deux bouteilles, présentant deux renflements au col, en ancienne porcelaine de Chine, décor de branches fleuries. Sur le col, des rinceaux sur fond rouge de fer et de petits compartiments à fleurs. Époque Kang-hi.

Haut., 22 cent.

19 — Deux petites potiches en ancienne porcelaine de Chine, émaillée sur biscuit, avec

couvercles, et sur bases mobiles ajourées. Décor de fleurs, feuilles et quadrillés en vert, jaune et violet. Époque Kang-hi. L'un des couvercles est moderne.

Haut., 21 cent.

20 — Vase-rouleau en ancienne porcelaine de Chine, décoré d'ustensiles variés en relief, épaulement orné de fleurs sur fond vermiculé. Au col, des ling-tchi, champignons emblèmes de durée. Époque Kang-hi.

Haut., 43 cent.

21 — Vase-rouleau en ancienne porcelaine de Chine : mandarin donnant une audience et assis sur un trône auquel donne accès un escalier; au-dessus, plane le fong-hoang, symbole de perfection et messager d'un événement heureux. Époque Kang-hi.

Haut., 46 cent.

22 — Vase en ancienne porcelaine de Chine, orné d'arbustes en fleurs, fleurettes semées sur le col. Époque Kang-hi.

Haut., 44 cent.

23 — Vase-rouleau en ancienne porcelaine de Chine, décoré de deux grands caractères d'écriture, cachés en partie chacun par deux réserves contenant : l'une, la Trinité inférieure taoïque : Chang-ti, dieu du ciel; Cheou-lao, dieu de la Longévité, et Limpao, dieu de la Génération ; l'autre, les huit Pa-sien et Si-wang-mou, déesse de Longévité, accompagnée de servantes. Sur le col, des bambous. Époque Kang-hi.

Haut., 45 cent.

24 — VASE-ROULEAU en ancienne porcelaine de Chine, décoré de deux grands compartiments, contenant : l'un, un paysage animé avec cours d'eau, l'autre, une longue inscription, réservés sur un fond noir, à bâtons rompus, chargé du caractère Chéou, longévité. Époque Kang-hi.

Haut., 46 cent.

25 — GRAND VASE-BALUSTRE en ancienne porcelaine de Chine, présentant un mandarin accompagné d'une femme et deux enfants occupés à recevoir un groupe d'enfants; de nombreux personnages assistent à l'audience. Sur le col, les trois dieux de la Trinité inférieure taoïque : Chang-ti, dieu du Ciel; Chéou-lao, tenant le fruit du pêcher Fantao, et Limpao, dieu de la Providence et de la Génération. Époque Kang-hi.

Haut., 75 cent.

26 — GRAND VASE-BALUSTRE en ancienne porcelaine de Chine, présentant, sur le col et la panse, des rochers, des fleurs, des oiseaux et des insectes. Bordure inférieure composée de petits compartiments juxtaposés. Époque Kang-hi.

Haut., 70 cent.

Reproduit dans la *Porcelaine de Chine,* par A. du Sartel.

27 — VASE-ROULEAU en ancienne porcelaine de Chine, offrant, sur la panse, un groupe de personnages faisant de la musique. Fond de paysages, avec petit paysage sur le col. Époque Kang-hi.

Haut., 45 cent.

28 — Vase-lancelle en ancienne porcelaine de Chine, présentant, sur la panse, un mandarin donnant une audience et, sur le col, un sujet militaire. Époque Kang-hi.

Haut., 45 cent.

29 — Cornet en ancienne porcelaine de Chine, présentant, sur la panse et sur le col, deux compositions : femmes en promenade et mandarins. Époque Kang-hi.

Haut., 45 cent.

30 — Vase-balustre en ancienne porcelaine de Chine, présentant un personnage assis et donnant une audience. Fleurs sur le col, bordure carrelée. Époque Kang-hi.

Haut., 45 cent.

31 — Vase-rouleau en ancienne porcelaine de Chine, présentant un personnage sur un mulet, accompagné d'un enfant. Auprès de lui, un lettré invoquant Kouei-Sing, un des dieux de la littérature qui lui apparait, le pinceau à la main. Sur le col, des enfants jouant. Époque Kang-hi.

Haut., 45 cent

32 — Vase-rouleau en ancienne porcelaine de Chine, présentant un guerrier et un musicien ainsi que deux femmes les regardant. Rochers sur le col. Époque Kang-hi.

Haut., 42 cent.

33 — Vase-lancelle en ancienne porcelaine de Chine, décoré sur la panse et le col, de grands compartiments contenant des Kilins et séparés par des bandes émaillées rouge de fer à rinceaux et chrysanthèmes. Époque Kang-hi.

Haut., 45 cent.

34 — Vase-rouleau en ancienne porcelaine de Chine, décoré sur fond bleu fouetté de réserves contenant, l'une, un lettré assis à sa table et voyant dans ses méditations un démon enlevant une femme; l'autre, un paysage animé, des ustensiles et des inscriptions en couleurs. Époque Kang-hi.

Haut., 42 cent.

35 — Vase à panse cylindrique en ancienne porcelaine de Chine, orné, sur l'épaulement et le culot, d'une zone rouge de fer à rinceaux, bordée de carrelages et de petits lambrequins. Époque Kang-hi.

Haut., 16 cent.

36 — Deux pots ovoïdes avec un couvercle en ancienne porcelaine de Chine, époque Kang-hi, à décor de rinceaux fleuris en vert sur fond jaune clair, bordures rouges. Ils sont accompagnés d'un couvercle moderne.

Haut., 27 cent.

37 — Deux petits pots ovoïdes en ancienne porcelaine de Chine; compartiments juxtaposés, contenant des ustensiles et des fleurs alternés; rinceaux à l'épaulement. Époque Kang-hi. Ils sont accompagnés de deux couvercles dont l'un est moderne.

Haut., 17 cent.

38 — Deux pots ovoïdes avec couvercles en ancienne porcelaine de Chine, compartiments variés à fleurs, fond vert, chargé de fleurettes. Époque Kang-hi.

Haut., 16 cent.

39 — Deux pots ovoïdes allongés en ancienne porcelaine de Chine, décorés de compartiments juxtaposés contenant alternativement des femmes debout et des vases de fleurs; emblèmes sur les épaulements. Époque Kang-hi. Bouchons modernes.

Haut., 23 cent.

40 — Deux flacons cylindriques en ancienne porcelaine de Chine, compartiments de fleurs et d'ustensiles, cols à fond rouge. Époque Kang-hi.

Haut., 17 cent.

41 — Petite jardinière ronde en ancienne porcelaine de Chine, présentant un paysage montagneux au bord de la mer. Époque Kang-hi.

Haut., 16 cent.; diam., 21 cent.

42 — Jardinière ronde en ancienne porcelaine de Chine, à décor d'oiseaux, branches fleuries et rochers. Époque Kang-hi. Socle en bois dur.

Haut., 33 cent.; diam., 37 cent.

43 — **Jardinière** ronde en ancienne porcelaine de Chine, présentant quatre grands compartiments contenant des scènes familiales tirées d'un roman et huit réserves à personnages se détachant sur fond chargé de rinceaux et de fleurs. Époque Kang-hi. Socle en bois dur.

Haut., 33 cent.; diam., 37 cent.

44 — **Coupe** libatoire en ancienne porcelaine de Chine, fond vert quadrillé noir, salamandres en ronde-bosse. Époque Kang-hi.

Haut., 4 cent.

45 — **Coupe** libatoire en ancienne porcelaine de Chine, décorée de motifs irréguliers avec salamandres en ronde-bosse. Époque Kang-hi.

Haut., 5 cent.

46 — **Écritoire** de forme allongée en ancienne porcelaine de Chine, émaillée sur biscuit à fond jaune, décorée de dragons en vert et violet. Époque Kang-hi.

Haut., 65 mill.; larg., 21 cent.

47 — **Support** hexagone sur six pieds et à bords festonnés, en ancienne porcelaine de Chine émaillée sur biscuits, pêchers en fleurs et oiseaux sur fond jaune, bordures vertes et noires à fleurs. Époque Kang-hi.

Haut., 7 cent.; diam., 24 cent.

48 — **Petit plateau** carré en ancienne porcelaine de Chine émaillée sur biscuit, à décor de rochers, fleurs et insectes. Époque Kang-hi.

Larg., 13 cent.

49 — Deux plats en ancienne porcelaine de Chine, présentant chacun un motif rayonnant à compartiments, contenant des branches fleuries avec ustensiles entre eux. Marlis carrelés interrompus par six réserves. Époque Kang-hi.

Diam., 38 cent.

50 — Deux plats creux en ancienne porcelaine de Chine, ornés chacun d'un médaillon contenant des animaux et se détachant sur un fond chargé de rinceaux fleuris et interrompu par quatre réserves à fleurs et paysages. Époque Kang-hi.

Diam., 35 cent.

Au revers, marques des ventes du Musée de Dresde.

51 — Assiette en ancienne porcelaine de Chine, décorée d'arbustes et d'insectes sur fond jaune clair. Époque Kang-hi.

Diam., 20 cent.

Marque des ventes du Musée de Dresde.

52 — Coupe en ancienne porcelaine de Chine, ornée au pourtour d'un paysage animé avec cours d'eau, habitations et rochers. Époque Kang-hi.

Haut., 17 cent.; diam., 37 cent.

53 — Deux théières avec couvercles en ancienne porcelaine de Chine, décorées de fleurs et rochers sur fond jaune clair et jaune chamois. Époque Kang-hi.

Haut., 15 cent.

54 — Groupe de deux personnages, dits les Ho-ho, en ancienne porcelaine de Chine émaillée sur biscuit ; ils sont assis côte à côte et sourient. Base hexagonale. Époque Kang-hi.

Haut., 11 cent.

55 — Statuette en ancienne porcelaine de Chine émaillée sur biscuit : personnage souriant, debout, vêtu de vert, de jaune et de violet. Époque Kang-hi.

Haut., 22 cent.

56 — Vase ovoïde en ancienne porcelaine de Chine, époque Kang-hi, décoré de compartiments contenant des ustensiles, attributs, fleurs et rochers avec lambrequins.

Haut., 15 cent.

57 — Pot ovoïde en ancienne porcelaine de Chine, décoré de compartiments juxtaposés, contenant des rochers fleuris, des oiseaux et des insectes. Époque Kang-hi. Couvercle moderne.

Haut., 23 cent.

58 — Deux pots ovoïdes avec un couvercle, en ancienne porcelaine de Chine, ornés de compartiments juxtaposés contenant des rochers, des branches fleuries, des insectes et des oiseaux. Époque Kang-hi. Ils sont accompagnés d'un couvercle moderne.

Haut., 32 cent.

59 — Vase en ancienne porcelaine de Chine, décoré de trois femmes se promenant dans la campagne, motif vermiculé rouge sur l'épaulement. Époque Kang-hi.

Haut., 24 cent.

60 — Sucrière-balustre en ancienne porcelaine de Chine, décorée de fleurs, d'oiseaux, d'insectes et de poissons. Époque Kang-hi. Monture en argent.

Haut., 23 cent.

61 — Potiche en ancienne porcelaine de Chine, à décor d'oiseaux, rochers et branches fleuries. Époque Kang-hi. Monture en bronze.

Hauteur totale, 36 cent.

62 — Deux petits vases à deux anses et avec couvercles, en ancienne porcelaine de Chine, à décor d'ustensiles variés. Époque Kang-hi.

Haut., 18 cent.

63 — Écuelle munie de deux anses et avec couvercle, en ancienne porcelaine de Chine, à décor de compartiments à branchages fleuris séparés par des bandes carrelées à fond vert. Époque Kang-hi.

Haut., 11 cent.

64 — Petite bouteille avec bouchon à col muni d'un renflement, en ancienne porcelaine de Chine, à décor de fleurs, rochers et insectes. Époque Kang-hi.

Haut., 17 cent.

65 — Pitong en ancienne porcelaine de Chine, présentant, dans la campagne, trois personnages, dont un assis, et les autres chargés de fardeaux. Époque Kang-hi.

Haut., 13 cent.

66 — Pitong en ancienne porcelaine de Chine, décoré d'une femme jouant avec deux enfants et d'un personnage assis. Époque Kang-hi.

Haut., 12 cent.

67 — Deux bols en ancienne porcelaine de Chine, présentant des réserves contenant des paysages, des fleurs et des animaux. Au fond, un écureuil. Bordures intérieures et extérieures à fleurs, insectes et petites réserves. Époque Kang-hi.

Diam., 20 cent.

68 — Deux gobelets en ancienne porcelaine de Chine, à décor de personnages, arbustes et rochers. Époque Kang-hi. Montures en argent.

Haut., 12 cent.

69 — Deux vases-rouleaux à cols évasés, en ancienne porcelaine de Chine, à décor de rinceaux fleuris et de chrysanthèmes avec quatre réserves sur fond carrelé à l'épaulement. Époque Kang-hi.

Haut., 25 cent.

70 — Deux pots de forme ovoïde allongée, en ancienne porcelaine de Chine, décorés de rinceaux fleuris réservés en blanc sur fond rouge. Époque Kang-hi. Bouchons modernes.

Haut., 25 cent.

71 — **Deux plats** creux en ancienne porcelaine de Chine, décorés chacun d'une réserve centrale contenant des ustensiles, et entourée de dix autres réserves à fleurs, animaux et paysages. Époque Kang-hi.

Diam., 38 cent.

72 — **Vase-rouleau** en ancienne porcelaine de Chine, présentant un groupe de trois personnages auprès d'un animal chimérique enchaîné à une colonne, ainsi qu'un sonneur de trompe. Rehauts de dorure. Époque Kang-hi. Monture en bronze.

Haut., 31 cent.

73 — **Pot** de forme ovoïde allongée avec couvercle, en ancienne porcelaine de Chine, décoré de compartiments juxtaposés à fleurs et ustensiles. Époque Kang-hi.

Haut., 26 cent.

74 — **Deux pots** de forme ovoïde allongée, en ancienne porcelaine de Chine, à décor de grands compartiments contenant des ustensiles et des vases de fleurs. Époque Kang-hi. Bouchons modernes.

Haut., 24 cent.

75 — **Deux bols** en ancienne porcelaine de Chine, décorés intérieurement et extérieurement de branches fleuries et d'oiseaux. Époque Kang-hi.

Haut., 11 cent.

76 — Vase-rouleau en ancienne porcelaine de Chine, époque Kang-hi, décoré de compartiments contenant des paysages avec rochers, personnages, habitations, etc., et se détachant sur fond chargé de rinceaux fleuris. Col orné de feuilles.

Haut., 46 cent.

77 — Perruche en ancienne porcelaine de Chine, émaillée sur biscuit et décorée au naturel.

Haut., 23 cent.

78 — Perruche en ancienne porcelaine de Chine, émaillée sur biscuit et décorée au naturel.

Haut., 23 cent.

79 — Bouteille à panse surbaissée, en ancien céladon bleu turquoise truité de la Chine.

Haut., 28 cent.

80 — Petit vase à col évasé, en ancien céladon bleu turquoise marbré violet et truité de la Chine.

Haut., 14 cent.

81 — Bouteille à goulot évasé, en ancien céladon bleu turquoise truité de la Chine.

Haut., 14 cent.

82 — Bouteille en ancien céladon bleu turquoise de la Chine.

Haut., 15 cent.

83 — Pitong cylindrique ajouré, en ancien céladon bleu turquoise de la Chine, à décor d'arbustes en fleurs et rochers.

Haut., 12 cent.

84 — Pitong simulant des bambous, en ancien céladon bleu turquoise de la Chine.

Haut., 13 cent.

85 — Deux petits groupes de deux personnages assis, en ancien céladon bleu turquoise de la Chine.

Haut., 9 cent.

86 — Vase-rouleau en ancienne porcelaine de Chine, présentant, sur fond bleu fouetté, une multitude de poissons en rouge et en dorure.

Haut., 46 cent.

87 — Chien de Fô sur un rocher, en ancienne porcelaine de Chine, flambée rouge.

Haut., 17 cent.

88 — Deux compotiers en ancienne porcelaine mince de la Chine, présentant chacun une femme accompagnée d'un enfant cueillant des fleurs. Époque Yung-ching.

Diam., 20 cent.

89 — Plat creux en ancienne porcelaine de Chine, décoré de fleurs en bleu sur fond jaune clair. Nien-hao de Yung-ching.

Diam., 34 cent.

90 — ASSIETTE creuse en ancienne porcelaine mince de la Chine, présentant une femme assise à laquelle deux enfants debout offrent un vase de fleurs. Auprès d'eux, des meubles et ustensiles variés. Marli carrelé rose à quatre réserves de fleurs. Époque Yung-ching.

Diam. 20 cent.

91 — COMPOTIER en ancienne porcelaine de Chine, rehaussée de dorure, présentant deux perroquets sur des branches. Époque Kien-lung.

Diam. 21 cent.

92 — THÉIÈRE AVEC COUVERCLE en ancienne porcelaine de Chine émaillée sur biscuit : ustensiles, instruments de musique et emblèmes divers en vert, jaune et violet, sur fond vert. Anse simulant l'osier. Époque Kien-lung.

Haut., 11 cent.

93 — CAGE à grillons, ajourée et décorée de fleurs, en ancienne porcelaine de Chine. Époque Kien-lung.

Diam., 8 cent.

94 — DEUX PETITS VASES-BALUSTRES quadrilatéraux en ancienne porcelaine de Chine, décorés, sur chaque face, de paysages animés. Époque Kien-lung.

Haut., 29 cent.

95 — **Vase-rouleau** en ancienne porcelaine de Chine, décoré d'ustensiles en relief et en couleurs sur fond blanc. Sur le col, des ling-tchi, champignons sacrés, emblèmes de durée. Époque Kien-lung.

Haut., 44 cent.

96 — **Petit vase-balustre** quadrilatéral en ancienne porcelaine de Chine, décoré de paysages maritimes animés et de branches fleuries; salamandres au col. Époque Kien-lung.

Haut., 31 cent.

97 — **Deux cornets** en ancienne porcelaine de Chine, décorés, sur fond rose, de réserves contenant des branches fleuries. Époque Kien-lung.

Haut., 23 cent.

98 — **Petite potiche** en ancienne porcelaine de Chine : dragon sur fond vermiculé. Époque Kien-lung.

Haut., 19 cent.

99 — **Deux potiches** en ancienne porcelaine de Chine, présentant, sur fond noir chargé de fleurs, des réserves contenant des paysages animés et des branches fleuries. Époque Kien-lung.

Haut., 22 cent.

100 — **Jardinière** ronde ajourée en ancienne porcelaine de Chine, décorée de fleurs dans des médaillons juxtaposés. Bordure à fond rouge. Nien-hao de Kien-lung.

Haut., 14 cent.; diam., 20 cent.

101 — Brule-parfums rond en ancienne porcelaine de Chine, présentant les dix-huit Lohans, patriarches du Bouddhisme, en haut-relief sur fond blanc. Époque Kien-lung. Couvercle ajouré en argent.

Haut., 10 cent.

102 — Pot en forme de fruit avec couvercle en ancienne porcelaine de Chine, décoré sur fond vert caillouté, de fleurettes et de branchages en relief. Époque Kien-lung.

Haut., 12 cent.

103 — Vase à eau en ancienne porcelaine de Chine, en forme de Chien de Fô s'appuyant sur la boule. Époque Kien-lung.

Haut., 13 cent.

104 — Deux statuettes en ancienne porcelaine de Chine, homme et femme debout, souriant, vêtus d'habits bariolés et tenant chacun un vase. Socles de forme haute, décorés de fleurs, de grues de longévité, de carrelages, ainsi que de rosaces ajourées. Époque Kien-lung.

Hauteur totale, 1 m. 05.

105 — Bol en ancienne porcelaine de Chine, sujet galant de style européen, bordure clathrée or. Époque Kien-lung.

Haut., 6 cent.

106 — Plat creux en ancienne porcelaine de Chine : au fond, rochers fleuris; chute

chargée de rinceaux interrompus par trois réserves à fleurs. Revers rouge d'or. Époque Kien-lung.

Diam., 27 cent.

107 — Coupe en ancienne porcelaine de Chine, décorée, à l'extérieur, de personnages dans des barques, sur le bord de l'eau; fleurs à l'intérieur avec bordure à carrelages interrompue par six réserves à fleurs. Époque Kien-lung.

Haut., 16 cent.; diam., 38 cent.

108 — Deux compotiers en ancienne porcelaine mince de la Chine, présentant chacun un oiseau sur un arbuste en fleurs. Revers rouge d'or. Époque Kien-lung.

Diam., 20 cent.

109 — Deux compotiers en ancienne porcelaine de Chine, coquille d'œuf, décorés chacun d'un personnage assis accompagné de deux femmes et d'un enfant. Bordure carrelée à quatre réserves. Revers rouge d'or. Époque Kien-lung.

Diam., 20 cent.

110 — Compotier en ancienne porcelaine de Chine, coquille d'œuf, présentant trois perdrix auprès d'un rocher fleuri. Bordure quadrillée vert. Époque Kien-lung.

Diam., 19 cent.

111 — Deux compotiers en ancienne porcelaine de Chine, présentant deux femmes debout dans un paysage. Époque Kien-lung.

Diam., 20 cent.

112 — Compotier en ancienne porcelaine de Chine, fong-hoang et fleurs, chute carrelée rose à trois réserves. Époque Kien-lung.

Diam., 19 cent.

113 — Compotier en ancienne porcelaine de Chine, coquille d'œuf, femme assise et deux enfants auprès d'ustensiles divers. Revers rouge d'or. Époque Kien-lung.

Diam., 20 cent.

114 — Compotier en ancienne porcelaine de Chine, coquille d'œuf, femme assise et deux enfants au milieu d'ustensiles divers. Bordure carrelée interrompue par trois réserves avec lambrequins clathrés rose. Revers rouge d'or. Époque Kien-lung.

Diam., 20 cent.

115 — Deux compotiers en ancienne porcelaine de Chine, coquille d'œuf à décors de paysages avec rivière et lac. Revers rouge d'or. Bordure quadrillée rose. Époque Kien-lung.

Diam., 19 cent.

116 — Assiette creuse en ancienne porcelaine de Chine, coquille d'œuf, femme assise auprès d'une table, un enfant à ses pieds. Marli à trois bordures carrelées interrompues par des réserves. Revers rouge d'or. Époque Kien-lung.

Diam., 21 cent.

117 — ASSIETTE creuse en ancienne porcelaine de Chine, coquille d'œuf, femme assise jouant avec deux enfants, bordure quadruple à rinceaux dorés et carrelages en bleu, vert et rose. Époque Kien-lung.

Diam., 21 cent.

118 — ASSIETTE creuse en ancienne porcelaine de Chine, coquille d'œuf, jeune femme assise, accompagnée de trois enfants. Marli à trois bordures interrompues par trois réserves. Revers rouge d'or. Époque Kien-lung.

Diam., 21 cent.

119 — ASSIETTE creuse en ancienne porcelaine de Chine, coquille d'œuf, coqs, rochers et fleurs. Marli à deux bordures interrompues par quatre réserves contenant des fleurs en bleu. Époque Kien-lung.

Diam., 21 cent.

120 — DEUX FLACONS à thé variés, avec couvercles, en ancienne porcelaine de Chine, décorés sur fond rouge d'or, de réserves à paysages et branches fleuries. Époque Kien-lung.

Haut., 12 cent.

121 — THÉIÈRE AVEC COUVERCLE en ancienne porcelaine de Chine, affectant la forme d'un coq. Époque Kien-lung.

Haut., 17 cent.

122 — TASSE ET SOUCOUPE en ancienne porcelaine de Chine, petits compartiments rayonnants à fleurs et lambrequins clathrés vert et bleu pâle. Époque Kien-lung.

Haut., 5 cent.

123 — Tasse et soucoupe en ancienne porcelaine de Chine, décorées de petits compartiments contenant des fleurs sur fond or carrelé rouge. Époque Kien-lung.

Haut., 4 cent.

124 — Tasse et soucoupe en ancienne porcelaine de Chine, décor de coqs et de fleurs ; étroite bordure, carrelée, à l'encre de Chine. Époque Kien-lung.

Haut., 45 millim.

125 — Tasse et soucoupe en ancienne porcelaine de Chine, décorées d'éventails ; fond carrelé bleu clair. Époque Kien-lung.

Haut., 4 cent.

126 — Tasse et soucoupe en ancienne porcelaine de Chine, scènes familiales : femme et deux enfants jouant avec un lapin ; bordures lambrequinées chargées de rinceaux dorés. Époque Kien-lung.

Haut., 4 cent.

127 — Tasse et soucoupe en ancienne porcelaine de Chine, branches fleuries en blanc et or sur fond noir. Époque Kien-lung.

Haut., 5 cent.

128 — Tasse et soucoupe en ancienne porcelaine de Chine, décorées de vases de fleurs, avec quatre compartiments carrelés rose sur la bordure. Époque Kien-lung.

Haut., 45 millim.

129 — Tasse et soucoupe en ancienne porcelaine de Chine, paysages animés ; bordure clathrée bleu, avec rinceaux en dorure. Époque Kien-lung.

Haut., 35 millim.

130 — Tasse et soucoupe, à bords festonnés, en ancienne porcelaine de Chine, coqs et fleurs. Époque Kien-lung.

Haut., 6 cent.

131 — Tasse et soucoupe en ancienne porcelaine de Chine, décor de fleurs, pourtour extérieur rouge d'or. Époque Kien-lung.

Haut., 5 cent.

132 — Tasse et soucoupe en ancienne porcelaine de Chine, paysage animé. Bordures à fond argenté rehaussé de dorures. Époque Kien-lung.

Haut., 5 cent.

133 — Tasse et soucoupe en ancienne porcelaine de Chine, à décor de branches fleuries et d'insectes, bordures de lambrequins en dorure. Époque Kien-lung.

Haut., 4 cent.

134 — Flacon a thé en ancienne porcelaine de Chine, à décor d'ustensiles, de vases et de branchages fleuris. Époque Kien-lung. Couvercle moderne.

Haut., 15 cent.

135 — Coupe ronde avec couvercle, en ancienne porcelaine de Chine, fleurs et rinceaux sur fond noir. Époque Kien-lung.

Haut., 22 cent.

136 — Potiche avec couvercle, en ancienne porcelaine de Chine, décorée sur fond jaune de rinceaux, feuillages et chrysanthèmes. Époque Kien-lung.

Haut., 48 cent.

137 — Deux petits vases en ancienne porcelaine de Chine, branches fleuries gravées sous couverte sur fond rose et bleu pâle. Époque Kien-lung.

Haut., 15 et 16 cent.

138 — Deux pots ovoïdes allongés avec bouchons, en ancienne porcelaine de Chine, rochers et arbustes en fleurs. Époque Kien-lung.

Haut., 24 cent.

139 — Deux pots ovoïdes allongés avec bouchons, en ancienne porcelaine de Chine, rochers et arbustes en fleurs. Époque Kien-lung.

Haut., 24 cent.

140 — Deux potiches avec couvercles en ancienne porcelaine de Chine, époque Kien-lung, à décor de scènes familiales dans des paysages, avec entrelacs au culot et lambrequins fleuris à l'épaulement. Boutons de couvercles en forme de chien de Fô réservé en biscuit.

Haut., 62 cent.

141 — Cinq compotiers à décor de fleurs avec fruits dans des réserves irrégulières à la chute. Ancienne porcelaine de Chine, époque Kien-lung.

Diam., 25 cent.

142 — Quatre plats, ornés de fleurs avec fruits dans des réserves irrégulières à la chute. Ancienne porcelaine de Chine, époque Kien-lung. Même décor que les compotiers précédents.

Diam., 25 cent.

143 — Deux potiches côtelées avec couvercles, en ancienne porcelaine du Japon, décor de branches fleuries, épaulements à petits compartiments chargés de rinceaux.

Haut., 27 cent.

144 — Deux grandes coupes avec couvercles, en ancienne porcelaine du Japon à décor bleu, vert, rouge, violet et or, de compartiments contenant des branches fleuries et des rochers. Montures en bronze, composées d'une gorge ajourée, de deux anses et d'un pied à têtes de boucs en bronze.

Hauteur totale, 58 cent.

145 — Statuette de personnage debout en tunique verte à ramages bleus, céramique de Kutani.

Haut., 24 cent.

PORCELAINES

ET FAIENCES VARIÉES

146 — Fontaine en ancienne porcelaine d'Allemagne composée d'une base à rochers et coquilles sur laquelle se détachent deux satyres ainsi qu'un enfant. Cette base est surmontée d'une statuette de personnage debout supportant une coquille. Ces deux pièces sont accompagnées d'un bassin de même porcelaine, à sujets de style chinois avec rinceaux en dorure. Base et monture en cuivre doré.

Hauteur totale, 70 cent.

147 — Quatre sphinx en ancienne porcelaine de Fulda, composés chacun d'un corps de lion à tête de femme à coiffure rehaussée de perles et d'un diadème.

Long., 19 cent.

148 — Deux statuettes en ancienne porcelaine de Hoechst : jeune fille assise sur un tertre, le bras droit levé; jeune garçon, assis également sur un tertrè et tenant dans la main droite la courroie d'un sac qui repose à terre.

Haut., 15 et 17 cent.

149 — Boite oblongue en ancienne porcelaine de Saxe, à décor de carrelages verts, de fleurs et de rocailles en camaïeu rose avec compartiment formant tabatière et masqué par une plaque à décor de personnages.

Larg., 85 millim.

150 — Boite rectangulaire en ancienne porcelaine de Saxe, décorée de fleurs. A l'intérieur du couvercle, un sujet pastoral.

Larg., 7 cent.

151 — Écuelle à deux anses avec couvercle et présentoir, en ancienne porcelaine de Saxe, à décor de paysages maritimes animés, en des encadrements de rinceaux en couleurs.

Hauteur de l'écuelle, 11 cent.

152 — Deux statuettes en ancienne porcelaine de Saxe : jeune femme assise tenant des fleurs de la main gauche, ayant près d'elle une brebis couchée, et jeune berger assis sur un tertre, tenant des fleurs dans la main droite, ayant près de lui son chien. Bases à rocailles.

Haut., 16 cent.

153 — Groupe allégorique composé d'un personnage armé et de deux amours auprès d'un fût de colonne avec médaillon. Ancienne porcelaine de Saxe. Base en bronze à rocailles.

Haut., 29 cent.

154 — Chien carlin et Chienne carlin avec son petit, en ancienne porcelaine de Saxe décorée au naturel. Base ovale en bronze à rocailles.

Haut., 22 cent.

155 — Cabaret en ancienne porcelaine de Saxe, composé d'une cafetière, d'un pot à lait,

d'une théière, d'un flacon à thé et d'un sucrier avec couvercles, d'un bol, d'un petit plateau et de six tasses avec soucoupes. Décor de réserves contenant des bouquets de fleurs et se détachant sur fond jaune clair.

Hauteur de la cafetière, 23 cent.

156 — Petit groupe en ancienne porcelaine de Saxe, composé d'une jeune femme assise jouant de la mandoline et d'un jeune homme debout près d'elle. Ils sont séparés par un tronc d'arbre et accompagnés d'une brebis couchée.

Haut., 13 cent.

157 — Petit légumier ovale à quatre lobes avec couvercle et présentoir forme feuille, en ancienne porcelaine de Saxe, décor de fleurettes gaufrées en relief et de bouquets de fleurs semés. Anses et bouton de couvercle, composés de branchages fleuris en relief.

Hauteur du légumier, 16 cent.

158 — Candélabre à deux lumières en bronze doré à rocailles, orné d'un groupe en ancienne porcelaine de Saxe, composé d'une bergère et d'un berger debout avec une brebis à leurs pieds. Derrière ce groupe, un bosquet en bronze enrichi de fleurettes de porcelaine.

Haut., 40 cent.

159 — Deux candélabres à trois lumières, en bronze, à décor de feuillages et cannelures,

ornés l'un d'une figurine de joueur de tambourin, l'autre d'une figurine de danseuse en ancienne porcelaine de Saxe.

Haut., 29 cent.

160 — Grande fontaine avec un couvercle et un bassin en ancienne porcelaine de Saxe, à décor de grosses fleurs et de motifs gaufrés. Monture en bronze doré composée d'une guirlande de lauriers, d'un robinet forme dauphin, d'une base à rocailles, coquilles et volutes, et d'une monture de bassin à mascarons et moulures et sur quatre pieds.

Haut., 70 cent.

161 — Deux corbeilles rondes en ancienne porcelaine de Saxe, supportées chacune par six pieds griffes de lions terminant des rocailles surmontées de panaches de plume. A l'intérieur des corbeilles, un perroquet effrayé par un chien.

Haut., 11 cent.

162 — Groupe en ancien biscuit de Niederwiller, allégorique à l'indépendance de l'Amérique et à la liberté des mers. Il se compose de deux statuettes : Louis XVI, debout près d'une table et tenant à la main un rouleau déplié qu'il montre à Franklin. Base simulant le marbre.

Haut., 33 cent.

163 — Deux pots a eau en ancienne porcelaine tendre de Tournai, décorés, sur le déversoir, d'oiseaux et d'insectes dans des compar-

timents se détachant sur fond bleu chargé de rinceaux dorés ; sur chaque pièce, l'indication du nom de l'oiseau.

Haut., 25 et 21 cent.

164 — Deux dragеoirs, formés chacun d'une tête de femme coiffée d'un bonnet à rubans verts et roses, en ancienne porcelaine de Chelsea. Couvercle en agate à monture d'or gravé, avec devise française émaillée.

Haut., 7 cent.

165 — Quatre assiettes en ancienne faïence de Delft, présentant chacune en bleu, vert, rouge et or, un vase de fleurs, un rouleau déplié et des oiseaux de style japonais. Lambrequins à la bordure. Au revers, la marque de Pinacker.

Diam., 21 cent.

166 — Deux jardinières-appliques en ancienne faïence de Sceaux, décorées de trois compartiments contenant des fleurs et des attributs de l'Amour, et séparés par des montants à volutes.

Haut., 12 cent.; larg., 23 cent.

PORCELAINES

DE VINCENNES ET DE SÈVRES

167 — Cabaret solitaire, composé d'une théière et d'un sucrier avec couvercles, d'une tasse avec soucoupe, et d'un plateau ovale, en ancienne porcelaine dure de Sèvres à décor imitant la laque, à fond marron. Années 1778 et 1779. Décor par *Leguay*.

Largeur du plateau, 30 cent.

168 — Écuelle avec son plateau et son couvercle, en ancienne porcelaine dure de Sèvres, à décor d'attributs champêtres et animaux en camaïeu rose, dans des médaillons encadrés de guirlandes de lauriers dorés. Décor par *Vincent* et *Chulot*.

Largeur du plateau, 23 cent.

169 — Petite jardinière en forme de caisse carrée, en ancienne porcelaine tendre de Vincennes. Elle est décorée, sur chaque face, d'une réserve contenant des fleurs et se détachant sur fond bleu marbré, dit : « bleu de Vincennes ». Encadrement de dorure. Année 1754.

Haut., 9 cent.

170 — Théière et sucrier avec couvercles, beurrier avec couvercle et plateau, sept tasses droites et sept soucoupes, en anciennes porcelaines tendres de Vincennes et Sèvres, à décor d'oiseaux dorés dans des réserves se détachant sur fond bleu marbré, dit : « bleu de Vincennes ». Encadrements également dorés.

Hauteur de la théière, 11 cent.

171 — Écuelle avec son plateau et son couvercle, en ancienne porcelaine tendre de Sèvres, décorée de réserves contenant des oiseaux et se détachant sur fond bleu turquoise.

Largeur du plateau, 21 cent.

172 — ÉCUELLE avec son plateau et son couvercle, en ancienne porcelaine tendre de Sèvres, à décor de couronnes de roses et de montants à fond bleu. Année 1769. Décor par *Merault* aîné.

Largeur du plateau, 23 cent.

173 — AIGUIÈRE et bassin oblong en ancienne porcelaine tendre de Sèvres, décor en camaïeu bleu, baguettes enguirlandées de fleurs. Année 1767.

Largeur du bassin, 29 cent.

174 — TÊTE-A-TÊTE en ancienne porcelaine tendre de Sèvres, composé d'une théière et d'un sucrier avec couvercles, d'un pot à lait, de deux tasses avec soucoupes et d'un plateau. Le décor consiste en médaillons contenant des paysages et se détachant sur fond bleu de Roi chargé de dorure. Époque révolutionnaire.

Largeur du plateau, 46 cent.

175 — CABARET SOLITAIRE en ancienne porcelaine tendre de Sèvres, composé d'un sucrier avec couvercle, d'un pot à lait, d'une tasse avec sa soucoupe et d'un plateau ovale. Il est décoré d'amours en camaïeu rose dans des réserves se détachant sur fond bleu marbré, dit : « bleu de Vincennes ». Année 1757, décor par *Yvernel.*

Largeur du plateau, 28 cent.

176 — Tasse trembleuse et son présentoir en ancienne porcelaine tendre de Sèvres. Fond à œils-de-perdrix et médaillons contenant deux petits paysans jouant pour la tasse, et des attributs champêtres pour le présentoir.

Haut., 9 cent.

177 — Écuelle avec son plateau et son couvercle, en ancienne porcelaine tendre de Sèvres, décorée sur fond bleu de Roi de réserves contenant des bouquets de roses. Bordure de rinceaux dorés. Année 1776. Décor par *Pierre* jeune.

Largeur du plateau, 24 cent.

178 — Tête-a-tête en ancienne porcelaine tendre de Sèvres, composé d'une théière et d'un sucrier avec couvercles, d'un pot à lait, de deux tasses avec soucoupes et d'un plateau à anses surélevées. Le décor consiste en oiseaux dans des paysages se détachant sur fond bleu de Roi. Année 1764, rest. Théière

Largeur du plateau, 32 cent.

179 — Cabaret solitaire en ancienne porcelaine tendre de Sèvres, composé d'une théière et d'un sucrier avec couvercles, d'un pot à lait, d'une tasse avec soucoupe et d'un plateau à anses surélevées. Décor de guirlandes de fleurs suspendues à un double filet rose. Bordure pointillée bleue. Année 1770.

Largeur du plateau, 32 cent.

180 — TROIS PLATEAUX sur pied bas en ancienne porcelaine tendre de Sèvres, à décor de rubans entrelacés à fond vert, encadrant une guirlande de fleurs. Année 1757.

Diam., 22 cent.

181 — ÉCUELLE avec plateau et couvercle en ancienne porcelaine tendre de Sèvres, à décor de réserves contenant des amours en grisaille et des attributs de l'amour encadrés de laurier, le tout se détachant sur fond bleu de Roi. Année 1772. Décor par *Fontaine* pour l'écuelle.

Largeur du plateau, 20 cent.

182 — TASSE trembleuse, avec présentoir et couvercle, en ancienne porcelaine tendre de Sèvres, décorée, sur fond vert, de réserves contenant des oiseaux. Année 1777. Décor par *Aloncle*, pour le présentoir.

Haut., 7 cent.

183 — CABARET en ancienne porcelaine tendre de Sèvres, comprenant une théière et un sucrier avec couvercles, un pot à lait, six tasses droites et six soucoupes, à décor de réserves contenant des fleurs et se détachant sur fond bleu de Roi. Bordure de rinceaux dorés.

Hauteur de la théière, 14 cent.

184 — TASSE droite et sa soucoupe en ancienne porcelaine tendre de Sèvres, à décor de roses semées sur fond à œils-de-perdrix, avec guirlandes de laurier.

Haut., 55 millim.

185 — Tasse droite et sa soucoupe en ancienne porcelaine tendre de Sèvres, décor de roses jetées. A la bordure, des guirlandes de laurier. Année 1778. Décor par *Théodore.*

Haut., 6 cent.

186 — Tasse droite et sa soucoupe en ancienne porcelaine tendre de Sèvres, décorées chacune d'un médaillon contenant un buste de bacchant pour la soucoupe et de femme tenant une flèche pour la tasse. Fond bleu de Roi, chargé de rinceaux dorés. Décor par *Leguay* et par *Boucot.*

Haut., 8 cent.

187 — Deux vases obconiques avec couvercles en ancienne porcelaine tendre de Sèvres, à décor de roses dans des réserves semées sur fond vert. Monture en bronze doré du temps de Louis XVI, composée d'un bouton de couvercle, d'une gorge ajourée, de deux anses mascarons têtes de bacchantes et d'un piédouche à guirlandes et feuilles de laurier.

Haut., 31 cent.

188 — Deux vases obconiques avec couvercles en ancienne porcelaine tendre de Sèvres, à décor de roses dans des médaillons sur fond vert. Monture en bronze doré, composée d'un bouton de couvercle, d'une gorge ajourée, de deux anses feuillagées et d'un piédouche à feuilles de laurier.

Haut., 23 cent.

189 — **Deux vases** obconiques avec couvercles en ancienne porcelaine tendre de Sèvres, décor de roses dans des médaillons se détachant sur fond vert. Monture en bronze doré, composée d'un bouton de couvercle, d'une gorge à jour, de deux anses et d'un piédouche.

Haut., 21 cent.

190 — **Écritoire** oblongue en bronze doré, ornée de plaques d'ancienne porcelaine tendre de Sèvres, à décor de fleurs, avec encadrements bleu turquoise.

Larg., 28 cent.

191 — **Deux vases** pot-pourri, à décor de lambrequins dorés sur fond vert, ancienne porcelaine tendre de Sèvres. Couvercles réassortis.

Haut., 18 cent.

192 — **Quatre compotiers** en ancienne porcelaine tendre de Sèvres, à décor de roses semées. Chute ornée de fleurs sur fond bleu à œils-de-perdrix dorés. Année 1768. Décor par *Pierre* jeune.

Larg., 22 cent.

193 — **Service** en ancienne porcelaine tendre de Sèvres, à décor de zones bleu clair, chargées de rinceaux dorés et alternant avec des zones ornées de disques dorés bordés de bleu.

Il comprend : quatre corbeilles ovales, quatre corbeilles rondes, quatre rafraîchissoirs avec doubles fonds et couvercles, six verrières rondes, quatre confituriers à deux récipients avec couvercles, deux confituriers à trois récipients avec couvercles, quatre sucriers avec couvercles, deux coupes, cent trente assiettes plates ou creuses, quatre compotiers ronds, trois compotiers ovales, quatre plateaux polylobés, trente pots à sorbet et trente-quatre couvercles, quarante-quatre tasses droites, trente-neuf soucoupes, deux sucriers ronds dont un avec couvercle, deux pots à lait et deux cafetières avec couvercles.

Année 1791.

Hauteur d'un rafraîchissoir, 20 cent.

194 — Boite rectangulaire, montée à cage, en or gravé et décorée de six plaques en ancienne porcelaine tendre de Sèvres, à décor de jeux d'enfants et d'amours nus dans de petits paysages.

Larg., 8 cent.

OBJETS DE VITRINE

195 — Petit coffret en écaille incrustée d'or, à décor de rinceaux, quadrillés, feuilles, etc. Époque Régence.

Haut., 10 cent.; larg., 16 cent.

196 — Boite plate ovale, formée de deux plaques de nacre, avec miniature : portrait présumé de Sophie-Madeleine, femme de Christian VI,

roi de Danemark. Sous la miniature est dissimulé un compartiment. Première moitié du XVIIIe siècle.

Grand diamètre, 9 cent.; petit diamètre, 8 cent.

197 — BOITE oblongue à pans coupés en or de couleur partiellement émaillé. Elle est ornée, sur le couvercle, d'un médaillon repercé, peint sur émail, présentant une jeune femme occupée à coudre. Le reste de la pièce présente des compositions d'amours gravées sous émail rouge avec encadrements de guirlandes de feuillage vert. Les bordures sont ciselées à fleurs, feuilles et moulures. Poinçons de Prévost, adjudicataire des droits de marque. Années 1764-65. Époque Louis XV.

Larg., 7 cent.

198 — BOITE rectangulaire en or ciselé et partiellement émaillé, décorée sur toutes les faces de compositions dans la manière de Téniers, avec encadrements de branches fleuries émaillées. Époque Louis XV.

Larg., 8 cent.

199 — BOITE de forme contournée en jaspe vert sanguin, montée en or à décor de fleurs et rocailles, le couvercle contient une montre. Époque Louis XV.

Long., 75 millim.; larg., 60 millim.

200 — BOITE oblongue en or, décorée en léger relief de sujets de chasse au milieu de rocailles. Époque Louis XV.

Long., 8 cent. 1/2; larg., 6 cent. 1/2.

201 — Boite rectangulaire en agate à deux couches, décorée en léger relief de ruines et personnages, monture à cage en or ciselé. Époque Louis XV.

Haut., 5 cent.; larg., 9 cent.

202 — Montre en or émaillé, ornée sur la cuvette d'un vase de fleurs, lunette partiellement émaillée à fleurs. Époque Louis XV.

Diam., 4 cent. 1/2.

203 — Étui cylindrique, ovale de plan, en or partiellement émaillé, à bouquets de fleurs, et gerbes de feuillages sur fond gravé. Époque Louis XV.

Long., 12 cent.

204 — Étui de forme contournée en or émaillé, à compartiments de fleurs sur fond bleu, décor de rocailles gravées. Époque Louis XV.

Haut., 5 cent.; larg., 4 cent.

205 — Boite composée de panneaux de nacre avec applications d'or émaillé à sujets de bouquets de fleurs et de feuilles; monture à cage en or ciselé à rocailles. Fin de l'époque Louis XV.

Long., 7 cent.; larg., 5 cent.

206 — Boite rectangulaire, décorée sur toutes les faces de fixés présentant des paysages animés à nombreux personnages. Monture à cage de la fin de l'époque Louis XV. Poinçons de Prévost, années 1766-1767.

Haut., 4 cent.; larg., 7 cent.

207 — Boite oblongue à pans coupés, ornée de panneaux de nacre compris dans une monture en or ciselé à balustres et moulures ; chacune des faces présente un médaillon ovale peint sur émail, à composition mythologique en grisaille sur fond rose. Poinçons d'Alaterre, adjudicataire des droits de marque. Année 1771-72. Fin de l'époque Louis XV.

Long., 7 cent.; larg., 5 cent.

208 — Étui-nécessaire en caillou d'Égypte, enrichi de roses montées en or, à fleurs et rocailles. Il contient des ustensiles. Milieu du XVIIIe siècle.

Long., 10 cent.

209 — Grande boite ovale en or partiellement émaillé bleu, à branches, fleurs et rocailles. Milieu du XVIIIe siècle.

Grand diamètre, 10 cent.; petit diamètre, 8 cent.

210 — Boite rectangulaire en or, décorée en relief sur le couvercle d'une composition de style antique, encadrée de rocailles. Sur le pourtour, des trophées d'attributs, ainsi que sur le dessous. Milieu du XVIIIe siècle.

Larg., 8 cent.

211 — Étui-souvenir à médaillon d'amour en grisaille sur fond rayé vert et rouge. Il contient des tablettes en ivoire et un porte-mine. Monture en or ciselé et gravé à petites feuilles. Époque Louis XVI.

Haut., 8 cent.

212 — Étui cylindrique ovale de plan, en or émaillé à compositions de style oriental dans des compartiments se détachant sur fond gros bleu. Époque Louis XVI.

Haut., 12 cent.

213 — Médaillon ovale en or repoussé, à décor d'enfants jouant avec une chèvre. Au fond, une rotonde en ruines. Époque Louis XVI. Cadre en argent.

Grand diamètre du médaillon, 7 cent.
Petit diamètre, 5 cent.

214 — Boite ovale en or de couleur ciselé, ornée, sur le couvercle, en léger relief, d'un médaillon contenant un paysage animé. Au pourtour, des entrelacs. Sur le dessous, un vase de fleurs. On lit, sur la gorge, la marque : *George, à Paris*. Époque Louis XV. Poinçons de Prévost, adjudicataire des droits de marque.

Grand diamètre, 85 millim.; petit diamètre, 60 millim.

215 — Boite ronde en poudre d'écaille, ornée d'une miniature : portrait de femme en buste, vêtue d'un corsage jaune avec fichu. Époque Louis XVI.

Diam., 85 millim.

216 — Boite oblongue à pans coupés, du temps de Louis XVI, formée de plaques de lapis montées à cages en or de couleur ciselé. Sur le couvercle, médaillon peint sur émail : portrait de femme du temps de Louis XIV. Poinçons de Fouache, régisseur des droits de marque.

Long., 55 millim.

217 — Boite ovale du temps de Louis XVI, en or réémaillé violet avec bordures simulant des perles. Sur le couvercle, médaillon contenant des attributs en or découpé sur fond de nacre, avec bordure de demi-perles. Poinçons de Fouache, régisseur des droits de marque. Années 1779-80.

Grand diamètre, 8 cent.

218 — Boite ovale en or partiellement émaillé, décorée, sur toutes les faces, de miniatures en grisaille à sujets de bacchanale, par *Degault*, se détachant sur un fond bleu. Bordures et montants de feuillages émaillés vert. Poinçons de Fouache, régisseur des droits de marque. Années 1776-1777. Époque Louis XVI.

Grand diamètre, 7 cent.

219 — Boite oblongue à pans coupés, à pourtour d'or partiellement émaillé. Le couvercle et le fond sont formés chacun d'une plaque d'agate herborisée. Le pourtour est émaillé gris perle et les côtés, partiellement émaillés, sont ornés de guirlandes de feuillages et d'entrelacs. Époque Louis XVI. Sur le couvercle est rapporté un médaillon ovale, peint sur émail : portrait de Louis XIV, du temps de Louis XIV.

Larg., 8 cent.

220 — Boite ronde en écaille blonde incrustée d'or, ornée, sur le couvercle, d'une miniature ovale : portrait de fillette en buste, vêtue d'un corsage bleu. Époque Louis XVI.

Diam., 6 cent.

221 — Boite ronde, présentant, sous verre opalin, des compositions galantes. Monture en or de couleur ciselé du temps de Louis XVI.

Diam., 6 cent.

222 — Boite ovale en or de couleur ciselé, à médaillon et guirlandes. Elle contient une montre dont le cadran est signé : *Pierre Morand*. Compartiment dissimulé dans le dessous de la boîte. Époque Louis XVI.

Grand diamètre, 75 millim.
Petit diamètre, 55 millim.

223 — Boite oblongue, à pans coupés, composée de panneaux d'ambre, montés à cage en or partiellement émaillé, à petites feuilles. Époque Louis XVI.

Long., 6 cent.; larg., 45 millim.

224 — Boite rectangulaire en or de couleur gravé et ciselé, présentant, sur toutes les faces, des compositions à sujets galants, pastoraux, etc., se détachant sur un fond chargé de petits motifs rayonnants, avec encadrements de rocailles. Travail russe, seconde moitié du xviiie siècle.

Larg., 8 cent.

225 — Petite corbeille simulée en or ciselé, enrichie de demi-perles; dans le dessous, deux petits compartiments, dont l'un contient une montre; le dessus peut s'ouvrir au moyen d'un poussoir et laisse échapper un oiseau automate chanteur. Travail de Genève. Fin du xviiie siècle.

Haut., 7 cent.; larg., 8 cent.

226 Boite ronde en écaille brune, ornée, sur couvercle, d'un médaillon peint sur émail : portrait d'homme en buste, la tête tournée vers l'épaule gauche, dans un cadre à réverbère. Sur le dessous, l'inscription : ***Horace Saussure, émail peint par Courtois.*** Fin du xviiie siècle.

Diamètre du médaillon, 5 cent.

227 — Boite ovale en or émaillé à fond orange, décorée de médaillons rapportés en grisaille, à personnages et bustes sur fond marron ; le couvercle présente, en outre, un médaillon peint sur émail, à sujet mythologique en grisaille. Fin du xviiie siècle.

Grand diamètre, 75 millim.
Petit diamètre, 48 millim.

228 — Boite ovale en or gravé et partiellement émaillé vert, à décor de rosaces et baguettes enguirlandées, avec médaillon, sur le couvercle, orné d'une figure de paysanne assise, en grisaille. Fin du xviiie siècle.

Larg., 9 cent.

229 — Grande plaque, peinte sur émail, présentant le portrait de Georges IV, roi d'Angleterre, à mi-jambes, debout, en grand uniforme. Fond de draperie, avec cavalier sur le côté. Par *Bone*. Signée.

230 — Boite oblongue à angles coupés en or émaillé bleu ; bordures réservées en or ciselé. Le couvercle présente un écusson chargé d'un

aigle en applications d'or. Sur la gorge, on lit : *Napoléon le Grand au Maréchal Ney*. Commencement du XIXe siècle.

Larg., 9 cent.

231 — GRANDE BOITE ovale en or ciselé et gravé. décorée de plaques émaillées, présentant, sur le couvercle, le combat naval de Trafalgar, et, sur le pourtour, des armoiries et des attributs. Le dessous gravé est orné d'un navire anglais. Cette boîte aurait été offerte par la cité de Londres à l'amiral Collingwood pour la part qu'il prit à la victoire de Trafalgar. Commencement du XIXe siècle.

Grand diamètre, 10 cent.; petit diamètre, 75 millim.

MINIATURES

232 — MINIATURE ronde : portrait d'homme, de trois-quarts à droite, portant la perruque poudrée et vêtu d'un habit gris laissant apercevoir un jabot de dentelle. Par *Weiler* (signée et datée : *1789*).

Au revers du cadre, on lit l'inscription : *Charles-Jérôme Martin de l'Agenois, notaire à Paris, né à Paris, paroisse Saint-Sulpice, le 6 mai 1757, décédé sur l'échafaud révolutionnaire, le 4 mai 1794, âgé de 37 ans.*

Diam., 9 cent.

233 — MINIATURE ronde par *Hall*, signée à droite : portrait présumé de la marquise de Louven-

court, représentée à mi-corps, assise, vêtue d'un corsage bleu avec fichu, un ruban et des roses dans les cheveux. Encadrée.

Diam., 7 cent.

234 — Peinture à l'huile, de forme ronde : portrait de femme en buste, vêtue d'un corsage gris avec fichu blanc. Par *Boilly*. Dans une boîte en racine.

Diam., 7 cent.

235 — Deux miniatures ovales : portraits de femmes, vues en buste, vêtues de blanc avec fichu, des fleurs dans les cheveux. Par *Isabey*. Non signées.

Grand diamètre, 13 cent.

OBJETS VARIÉS — ORFÈVRERIE

236 — Ustensile de brodeuse, décoré en rouge au vernis et monté en or. Époque Louis XVI.

Haut., 8 cent.

237 — Diadème enrichi de roses simulant des rinceaux. XVIIIe siècle.

Haut., 5 cent.

238 — Éventail à monture de nacre sculptée et en partie dorée, à décor de personnages. Feuille peinte à sujet galant dans un paysage. Époque Louis XV.

Largeur ouvert, 50 cent.

239 — Éventail à monture de nacre dorée; feuille à sujet tiré de l'histoire de Moïse. Époque Louis XV.

Largeur ouvert, 55 cent.

240 — Grande boite en ancien émail de Saxe, décorée, sur toutes les faces, de paysages animés avec habitations. Le revers du couvercle présente un paysage également, et la boîte contient un plateau mobile en ancien émail de Saxe, à décor de fruits et fleurs. Monture en or à rocailles.

Larg., 12 cent.

241 — Tête-a-tête en ancien émail de Battersea (?), décoré de bouquets et de guirlandes de fleurs sur fond caillouté d'or. Il se compose d'un plateau rectangulaire, d'une théière et d'un sucrier avec couvercles, d'une petite coupe ovale, d'un pot à lait, de deux tasses et de deux soucoupes.

Longueur du plateau, 39 cent.

242 — Christ en ivoire sculpté, dans un grand cadre en bois sculpté et doré, à motifs de rinceaux. Époque Louis XIV.

Haut., 1 m. 30.

243 — Sucrière-balustre en argent, à couvercle en dôme ajouré. Elle est décorée, sur le culot, de cariatides et de motifs réguliers. Elle présente également une frise d'attributs, ainsi qu'un écusson armorié de marquis. Poinçons d'Etienne de Bouges, fermier des droits de marque. Années 1719-1720. Époque Régence.

Haut., 24 cent.

244 — Porte-huilier en argent, décoré d'une zone d'entrelacs et de feuillages, ainsi que de deux mascarons. Anse surélevée. Plateau orné d'un carrelage ; bouchons également en argent. Il contient deux récipients en cristal. Travail anglais de la première moitié du XVIIIe siècle.

Larg., 25 cent.

245 — Hanap avec couvercle, en argent repoussé et partiellement doré. Le pourtour, en haut-relief, présente un combat de style antique. Sur le couvercle, une composition également de style antique. Bordure de fruits et fleurs. Anse à rocailles. Allemagne, commencement du XVIIIe siècle.

Haut., 18 cent.

246 — Deux flambeaux en argent, décorés de mascarons, avec cannelures en spirale et rang d'oves sur la base. Poinçons d'Alaterre, adjudicataire général des droits de marque. Années 1768-69. Époque Louis XV.

Haut., 24 cent.

247 — Deux flambeaux en argent, décorés, sur la tige, de cannelures et petites feuilles et, sur la base, de filets en spirale, ainsi que de canaux obliques et d'oves. Fin du règne de Louis XV.

Haut., 27 cent.

248 — Deux flambeaux en argent, à décor de guirlandes de laurier et moulures. Ils présentent, chacun, sur la base, un monogramme. Poinçons de Clavel, régisseur des droits de marque. Époque Louis XVI.

Haut., 28 cent.

249 — Vase à panse lenticulaire en jade gris de la Chine. Il est décoré de groupes de personnages et divinités en léger relief sur les deux faces. Le col est accosté de deux anses à volutes. Base en bois ajouré et sculpté.

Haut., 29 cent.

250 — Deux grands vases avec couvercles, simulant des vases accolés. Ancien émail cloisonné de la Chine. Décor de plantes aquatiques, branches fleuries et arbustes sur fond bleu. Les couvercles sont surmontés chacun d'un gros nœud de rubans. Les pieds sont composés de quatre statuettes de personnages en bronze.

Haut., 86 cent.

SCULPTURES

251 — Buste en marbre blanc, grandeur nature, représentant la déesse Flore, drapée et couronnée de fleurs, XVIIe siècle.

Haut. 90 cent.

252 — Deux statues, grandeur nature, en marbre blanc, d'enfants personnifiant : l'un, l'Architecture, l'autre, une Saison. Signées et datées : *L. Willemssens, fecit 1700*. Ancien travail flamand.

Haut., 95 cent.

253 — Deux vases en marbre, avec couvercles, à décor de guirlandes de feuilles et mascarons, culots godronnés. Époque Régence.

Hauteur, environ, 85 cent.

254 — Statuette, en marbre blanc, d'amour debout, les ailes déployées, portant un carquois. xviiie siècle.

Haut., 79 cent.

255 — Vase en pierre sculptée, à décor de cannelures et guirlandes, avec anses formées de têtes de femmes. En partie du xviiie siècle.

Haut., 1 m. 22.

256 — Groupe en marbre blanc, représentant deux enfants tritons, dont l'un soufflant dans une conque. Base plaquée de marbre rouge. Italie, xviiie siècle.

Haut., 64 cent.

257 — Groupe en marbre blanc, composé de deux enfants jouant avec un lion. Base en marbre blanc et marbre de couleurs. Travail italien du xviiie siècle.

Haut., 69 cent.

258 — Groupe en marbre blanc : allégorie du Commerce, figurée par deux enfants, dont un sous les traits de Mercure, et des ballots de marchandises. Signé et daté : *Bausscheitt, 1721*. xviiie siècle.

Haut., 1 m. 20.

259 — Statuette en marbre blanc, de Louis XV, debout, vêtu à l'antique et tenant le sceptre. Signée : *J. J. C.*, et datée : *1760*. xviiie siècle.

Haut., 1 m. 05.

260 — Buste en terre cuite, grandeur nature, de personnage représenté de face, coiffé d'une perruque à marteau et vêtu d'un habit avec draperie. Signé : *Gathey de Liége*. xviiie siècle.

Hauteur totale, 75 cent.

261 — Statuette en marbre blanc, représentant Léda nue, debout, une draperie sur la jambe, qu'elle retient de la main droite et ayant près d'elle le cygne. xviiie siècle.

Haut., 63 cent.

262 — Trois statuettes allégoriques, en terre cuite, d'enfants nus, debout, tenant divers attributs. xviiie siècle.

Haut., 59 cent.

263 — Statuette en terre cuite : « Vénus Callipyge », signée : *Sigisbert* (Sigisbert-Michel, frère aîné de Clodion).

Haut., 56 cent.

264 — Cheminée en marbre blanc et bronze doré, décorée d'un médaillon à buste de femme, ainsi que de branches de laurier, feuillages et moulures. Époque Louis XVI.

Largeur environ, 1 m. 90.

265 — Statuette en marbre blanc : jeune femme nue, debout, et personnifiant une source ; elle tient des deux mains un vase appuyé sur un rocher et en déverse le contenu. Époque Louis XVI.

Haut., 83 cent.

266 — Monument funéraire, en terre cuite, à la mémoire d'un chien. Il est surmonté d'une urne drapée et présente trois figures de chiens. Au revers, à l'intérieur, un brûle-parfums. Par *Clodion*. Signé.

Haut., 36 cent.

267 — Groupe en marbre blanc, représentant deux amours luttant pour la possession d'un cœur. A leurs pieds, leurs attributs et des fleurs. Fin du xviiie siècle. Socle cylindrique en marbre blanc, à décor de guirlandes de laurier.

Hauteur du groupe, 1 mètre.
Hauteur du socle, 1 m. 20.

268 — Petit buste de femme couronnée de fleurs et souriant. Terre cuite, attribuée à *Marin*. Fin du xviiie siècle.

Haut., 16 cent.

269 — Grand groupe en plâtre, composé de deux femmes nues, debout, portant, de leurs bras surélevés, une coupe chargée de fruits et de fleurs. Elles sont légèrement couvertes de draperies qu'elles retiennent dans leurs mains. Atelier de *Marin*.

Hauteur environ, 2 m. 35.

270 — Buste en marbre, grandeur nature : portrait présumé de la comtesse Alfred de Vaudreuil, la poitrine nue, la tête tournée vers l'épaule droite, les cheveux retenus par un peigne. Commencement du xixe siècle. Par *Marin* (non signé).

Haut., 53 cent.

271 — **Buste** en plâtre, grandeur nature, portrait présumé de la comtesse Alfred de Vaudreuil. Au revers, la signature : *Marin, 1804.*

Haut., 52 cent.

272 — **Deux colonnes** en marbre brèche violette avec chapiteaux ioniques en bronze doré.

Haut. 1 m. 30.

BRONZES — PENDULES

273 — **Deux fontaines** en bronze patiné, composées, l'une d'un lion appuyé sur un cartouche et portant un enfant nu, l'autre d'un dauphin sur lequel est monté un amour. XVIIe siècle. Bases en bois.

Haut., 55 cent.

274 — **Deux grands vases** de jardin en bronze patiné, à anses torsades, décorés de compositions mythologiques avec feuillages au culot. Piédouches à cannelures. XVIIIe siècle.

Haut., 86 cent.

275 — **Pendule** en bronze doré et bois, sur socle-applique, décorée d'une figure d'amour, de mascarons, de dragons, de rocailles et de fleurs. Cadran signé : *J. Baptiste Baillon.* Époque Louis XV.

Haut., 1 m. 18.

276 — Deux statuettes, en ancien blanc de Chine, de personnages debout, riant. Bases à rocailles en bronze doré du temps de Louis XV.

Haut., 25 cent.

277 — Maisonnette en bronze doré, dont la toiture contient une montre et dont la base est ornée de rocailles. A l'intérieur, une figurine de jeune femme, en ancienne porcelaine de Saxe, assise auprès d'un rouet en bronze. Le dévidoir est également en bronze, ainsi qu'une fontaine et les ustensiles de foyer de la maisonnette. Sous la base est dissimulé un mouvement. Époque Louis XV.

Haut., 35 cent.; larg., 33 cent.

278 — Deux chenets en bronze doré, composés de rocailles fleuries sur lesquelles sont assis deux enfants. Époque Louis XV.

Haut., 41 cent.

279 — Quatre appliques à trois lumières en bronze doré, composées d'enroulements, de feuillages et de fleurs. Époque Louis XV.

Haut., 70 cent.

280 — Pendule en bronze doré, à décor de rocailles, oiseaux et fleurs du temps de Louis XV. Elle est ornée d'une statuette de personnage assis et souriant, en ancien blanc de Chine.

Haut., 28 cent.

281 — Pendule en bronze doré, à mouvement porté par un motif à rocailles et un arbuste dressé sur une base contournée à rocailles et fleurs. Sur cette base se tient debout un éléphant, monté par un personnage vêtu à l'orientale et conduit par un négrillon en ancienne porcelaine de Saxe. Époque Louis XV. Cadran signé : *Wulliamy, London.*

Haut., 55 cent.

282 — Grand cartel en bronze doré, composé de volutes, rocailles, branches fleuries, etc., avec figure de femme comme couronnement et oiseau, les ailes déployées, au-dessus du cadran. Mouvement signé : *Filleul.* Époque Louis XV.

Haut., 90 cent.

283 — Cartel en bronze doré, composé de volutes, de rocailles et de fleurs. Cadran signé : *Olm, à Paris.* Époque Louis XV.

Haut., 50 cent.

284 — Cartel de forme contournée, en bronze doré à rocailles, décoré, à la partie supérieure, d'une divinité drapée, et à la partie inférieure, de deux amours voltigeant au milieu des nuées, l'un indiquant le cadran, l'autre brandissant une torche. Cadran signé : *Balthazar.* Poinçon : C. couronné. Époque Louis XV.

Haut., 57 cent.

285 — Jouet en bronze doré : Tir à l'arbalète, avec l'inscription : *Prix d'amour.* Il est enrichi de fleurettes de porcelaines variées. Fin de l'époque Louis XV.

Haut., 27 cent.

286 — Deux petits vases cylindriques en verre bleu, ornés chacun d'une base à feuillages, d'un col et de deux anses en bronze. Époque Louis XVI.

Haut., 23 cent.

287 — Deux vases avec couvercle en bronze patiné et doré, décorés d'une frise de rinceaux feuillagés, à laquelle sont suspendues des guirlandes de feuilles de laurier. Bases en marbre vert antique. Époque Louis XVI.

Haut., 30 cent.

288 — Deux candélabres à trois lumières, formés chacun d'un vase en métal verni vert, avec monture de bronze doré, composée de deux anses-volutes, surmontées d'enfants-tritons, tenant des guirlandes de fleurs, et d'un piédouche feuillagé et à griffes de lion. Le bouquet de lumières est décoré de feuillage, et entre les branches se dresse une gerbe de fleurs. Époque Louis XVI.

Haut., 95 cent.

289 — Deux candélapres à deux lumières, en bronze patiné et doré, composés d'une statuette d'amour nu, debout, portant le bouquet de lumières. Bases en marbre bleu turquin. Époque Louis XVI.

Haut., 64 cent.

290 — Deux candélabres à quatre lumières, en bronze doré, à tige formée de cariatides adossées et à bouquet de lumières surmonté d'une cassolette et orné de têtes de femmes égyptiennes. Époque Louis XVI.

Haut., 62 cent.

291 — Trois bouteilles en ancienne porcelaine de Chine, à décor de dragons et oiseaux dans les flammes, en couleurs sur fond gris ; monture en bronze ciselé et doré du temps de Louis XVI. Cette monture se compose, pour l'une, de deux mascarons, d'une collerette à volute, d'un couvercle ajouré et d'une base cannelée ; pour les deux autres, d'une collerette cannelée et de deux bases à tores de laurier.

Haut., 42 cent.

292 — Pendule de milieu à quatre cadrans ; elle est surmontée d'un petit monument funéraire et décorée de bordures à feuilles et oves. Les cadrans indiquent les heures, les mois, les jours et les phases de la lune. Cadran signé : *Vauchez*. Époque Louis XVI.

Haut., 62 cent.

293 — Pendule en bronze patiné et doré et marbre blanc, à mouvement surmonté d'un aigle et placé entre deux statuettes de personnages assis, étudiant. Base décorée d'une frise et de mascarons. Cadran signé : *Piolaine*. Époque Louis XVI.

Haut., 53 cent. ; larg., 68 cent.

294 — PENDULE en bronze doré et marbre blanc, à mouvement octogone surmonté d'une statuette de personnage jouant de la lyre et placée sur deux guirlandes de fruits que supportent deux statuettes de femmes faisant de la musique et assises sur la base de la pièce, cette base étant ornée de frises et draperies. Cadran signé : *Dubuc le jeune, à Paris*. Époque Louis XVI.

Haut., 70 cent.; larg., 64 cent.

295 — PENDULE en bronze patiné et doré, à mouvement surmonté d'un brûle-parfums de style antique, accosté d'une statuette de femme lisant et drapée à l'antique. Cadran signé : *Manière*. Époque Louis XVI.

Haut., 53 cent.; larg., 66 cent.

296 — PENDULE en bronze patiné et doré, à mouvement placé sur une pile de volumes et retenu par une statuette de muse assise personnifiant l'Astronomie. A ses pieds, une sphère céleste. Base décorée d'une frise de postes. Socle en marbre blanc. Cadran signé : *Charles Leroy*. Époque Louis XVI.

Haut., 50 cent.; larg., 46 cent.

297 — PENDULE en bronze patiné et doré et marbre blanc, composée d'un autel contenant le mouvement. Auprès de l'autel, une statuette de femme, debout, brandissant un glaive. Socle en marbre rouge griotte, orné d'une frise de palmettes et contre-socle en bois noir. Cadran signé : *Manière, à Paris*. Époque Louis XVI.

Haut., 50 cent.; larg., 36 cent.

298 — Pendule à cage en bronze doré, surmontée d'un vase de fleurs placé entre quatre pommes de pin pavées de strass. Pilastres cannelés aux angles. Cadran signé : *Lefaucheux*. Époque Louis XVI. Contre-socle en marbre blanc.

Hauteur totale, 43 cent.

299 — Pendule en bronze doré, à mouvement placé entre une statuette d'amour tenant un livre, et un coq perché sur un rouleau déplié et un volume ouvert. Base enguirlandée de laurier. Contre-socle en marbre rouge griotte. Cadran signé : ***Leblond l'aîné***. Époque Louis XVI.

Haut., 44 cent.; larg., 48 cent.

300 — Pendule en bronze doré et marbre blanc, à mouvement entouré de rinceaux feuillagés, de cygnes et de roseaux. Ce mouvement repose sur un cul-de-lampe porté par deux statuettes d'amours debout. Époque Louis XVI.

Haut., 49 cent.

301 — Pendule en bronze doré, à mouvement surmonté d'une corbeille de fleurs et placé entre deux chèvres debout. Ce mouvement repose sur un fût accosté de deux statuettes d'amours et orné d'une cassolette. Cadran signé : ***Julien Beliard, rue du Hurpoix, à Paris***. Contre-socle en marbre blanc. Époque Louis XVI.

Haut., 47 cent.

302 — Grande pendule à musique, en bronze patiné et doré, à trois cadrans surmontés d'un panache et d'un dais, placés entre deux sphinx. Les trois cadrans sont disposés sur un large motif orné de cariatides et de plaques de porcelaine dure, à compositions galantes et attributs. Les cadrans indiquent les heures, les mois, les quantièmes et les phases de la lune. L'un d'eux est signé : *Godon*. Il porte l'inscription : *Maquinista y Reloxero de Camara de S. M. C.* Fin du XVIIIe siècle.

Haut., 78 cent.; larg., 54 cent.

303 — Deux brule-parfums en bronze patiné et doré, formés chacun d'une urne ovale avec couvercle, portée par une statuette d'Hercule foulant aux pieds un dragon. Base en marbre rouge. Fin du XVIIIe siècle.

Haut., 71 cent.

304 — Deux candélabres à sept lumières, en bronze patiné et doré, à bouquets de lumières décorés de mufles de lions et de perroquets, et portés chacun par une statuette de femme debout, drapée à l'antique. Bases accostées de deux chèvres debout, et ornées de bas-reliefs. Époque Directoire.

Haut., 89 cent.

305 — Aiguière simulée, en bronze doré, ornée de palmettes et surmontée d'une figure de femme ailée, assise sur l'anse; déversoir à tête de tigre et base supportée par deux enfants ailés. Époque Empire.

Haut., 59 cent.

306 — Deux candélabres à dix lumières, en bronze doré, modèle à trépied, vases à décor de têtes d'aigles, têtes de coqs et rinceaux fleuris. Époque Empire.

Haut., 92 cent.

307 — Pendule et deux aiguières en bronze patiné et doré, la pendule étant en forme de vase. Les anses de ces trois pièces sont composées de cariatides de femmes ailées; le décor consiste en amours, aigle et serpent, griffon, guirlandes de feuillages, etc. Cadran signé : *Thonisson, à Paris*. Époque Empire.

Hauteur de la pendule, 59 cent.

308 — Deux candélabres à quatre lumières, en bronze patiné et doré, composés chacun d'une figure de génie ailé, placée entre quatre tiges à pieds-griffes de lions, et surmontée du bouquet de lumières, dont les douilles simulent des tours. Bases à quatre faces cintrées. Commencement du XIXe siècle.

Haut., 57 cent.

MEUBLES

309 — Régulateur de forme contournée, en bois noir incrusté de cuivre, garniture de bronzes, tels que : figures mythologiques, encadrement à rocailles, mascarons, palmettes, etc. Époque Régence.

Haut., 2 m. 60.

310 — Clavecin à deux claviers, décoré extérieurement et intérieurement de peintures à compositions mythologiques, rinceaux et quadrillés, sur fond doré. Il est signé : *François Blanchet*. Époque Régence. Sur base en bois sculpté et doré à rocailles, feuilles et quadrillés.

Long., 2 m. 33 ; larg., 95 cent.

311 — Glace à fronton contourné dans un cadre en glace, bois sculpté et doré, à décor de mascarons, volutes, fleurs et feuilles. Époque Régence.

Haut., 2 m. 25 ; larg., 1 m. 38.

312 — Petit bureau à cylindre, en marqueterie de bois de couleur, décoré d'ustensiles variés. Il est muni d'un grand tiroir à l'extérieur et contient, à l'intérieur, de petits tiroirs. Époque Louis XV.

Haut., 94 cent.; larg., 77 cent.

313 — Glace à fronton découpé dans un cadre en bois doré et glace à décor de tourterelles, attributs de l'amour, tête de femme, rocailles, etc. Époque Louis XV.

Haut., 2 m. 20; larg., 1 m. 23.

314 — Bureau bonheur du jour, à toutes faces, en marqueterie de bois de couleurs, à décor d'attributs des sciences, rinceaux, chimères, figures allégoriques, etc. La tablette d'entre-jambes présente un trophée. Il contient deux tiroirs et deux casiers fermés par deux portes. Garnitures de cuivre. Époque Louis XV.

Haut., 1 m. 03 ; larg., 90 cent.

315 — Commode à trois rangs de tiroirs, en marqueterie de bois de couleurs, du temps de Louis XV. Dessus de marbre, garniture de bronzes.

Larg., 1 m. 18.

316 — Petite commode en bois de violette à quadrillés, transformée en meuble à deux portes. Dessus de marbre. Époque Louis XV. Elle est garnie de bronzes.

Haut., 83 cent.; larg., 66 cent.

317 — Bureau à dos d'âne, contenant deux rangs de tiroirs extérieurs à marqueterie de bois de violette. Époque Louis XV. Il est garni de chutes, poignées, entrées de serrures et cul-de-lampe en bronze doré. A l'intérieur, des tiroirs et des casiers.

Haut., 1 m. 05; larg., 1 m. 02.

318 — Commode à deux tiroirs, en marqueterie de bois de couleurs, à fleurs. Elle est signée : *Roussel*. Époque Louis XV. Elle est garnie d'encadrements à rocailles en bronze. Dessus de marbre.

Larg., 1 m. 05.

319 — Bureau à dos d'âne en marqueterie de bois de couleurs, à décor de rinceaux. L'intérieur contient plusieurs tiroirs, ainsi que des casiers également marquetés. Époque Louis XV. Il est garni de bronzes.

Haut., 85 cent.; larg., 98 cent.

320 — DEUX ENCOIGNURES à une porte, en marqueterie de bois de couleurs. Sur chaque porte, des rinceaux fleuris. Époque Louis XV. Elles sont garnies d'encadrements, cul-de-lampe, chutes et sabots en bronze doré. Dessus de marbre.

Haut., 94 cent.; larg., 80 cent.

321 — MEUBLE à trois rangs de tiroirs, en marqueterie de bois de couleurs, à dessin de fleurettes dans des entrelacs. Il est orné de bronzes redorés, tels que : frises de poste, encadrements, poignées disposées verticalement, cul-de-lampe, chutes et pieds-griffes. Dessus de marbre blanc. Fin de l'époque Louis XV.

Haut., 90 cent.; larg., 1 m. 29.

322 — COMMODE à trois tiroirs, en acajou moucheté, garnie de bronzes. Dessus de marbre. Fin de l'époque Louis XV.

Larg., 1 m. 15.

323 — GRANDE ARMOIRE à deux portes, en acajou sculpté, à cannelures, frises de feuilles, encadrements et entrées de serrures en bronze doré. Époque Louis XVI.

Haut., 2 m. 35; larg., 1 m. 37.

324 — TABLE-BUREAU forme rognon, sur trois pieds cannelés. Bois de placage. Sur les côtés, deux compartiments mobiles renfermant des écrans. Époque Louis XVI.

Larg., 97 cent.

325 — Meuble à hauteur d'appui et à deux portes, en bois de placage, garni de bronzes dorés, tels que : frises de fleurs et feuilles, chutes à tête de bélier, cul-de-lampe, etc. Dessus de marbre. Époque Louis XVI.

Haut., 1 m.; larg., 1 m. 33.

326 — Deux encoignures à une porte, en acajou. Elles sont décorées d'une grecque, de chutes enguirlandées de laurier, de rosaces et d'un cul-de-lampe en bronze doré. Dessus de marbre. Époque Louis XVI.

Haut., 86 cent.; larg., 74 cent.

327 — Bibliothèque en marqueterie de bois de couleurs, à feuilles et entrelacs. Elle ferme à deux portes vitrées. Elle est garnie d'encadrements et bordures en bronze doré. Dessus de marbre. Époque Louis XVI.

Haut., 1 m. 94; larg., 2 m. 07.

328 — Deux encoignures à une porte, en acajou. L'une d'elles est signée : *Schmidt*. Elles sont garnies de bronzes. Dessus de marbre blanc. Époque Louis XVI.

Haut., 81 cent.; larg., 74 cent.

329 — Secrétaire bas en acajou. Il est muni de deux tiroirs surmontés d'un abattant masquant des tiroirs et casiers. Cannelures aux angles. Dessus de marbre. Époque Louis XVI. Il est garni de bronzes.

Haut., 96 cent.; larg., 80 cent.

330 — PETITE TABLE ovale en bois de placage. Dessus de marbre blanc. Époque Louis XVI. Entre les quatre pieds est fixée une tablette d'entrejambes.

Grand diamètre, 56 cent.

331 — PETIT CHIFFONNIER à trois tiroirs en bois de placage à filets. Signé : *N. Petit.* Dessus de marbre. Époque Louis XVI.

Haut., 96 cent.; larg., 46 cent.

332 — SECRÉTAIRE droit à abattant, portes et tiroir en marqueterie de bois de couleurs à vases de fleurs et corbeille de fruits, avec draperie au-dessus de la corbeille de fruits. Frise d'entrelacs, chutes, rosaces et bordures en bronze doré. Dessus de marbre blanc. Époque Louis XVI.

Haut., 1 m. 42; larg., 96 cent.

333 — MEUBLE D'ENTRE-DEUX à hauteur d'appui en acajou incrusté de cuivre et d'étain. Il ferme à deux portes dont l'une à développement, et contient trois tiroirs. Encadrements de bronze doré. A l'intérieur, trois tiroirs formant commode. Dessus de marbre blanc. Fin du XVIIIe siècle.

Haut., 96 cent.; larg., 1 m. 33.

334 — CONSOLE en acajou et bronze doré, à décor de branchages, avec médaillon contenant un aigle. Sur les pieds, des candélabres surmontés de chapiteaux. Dessus de marbre blanc. Époque Empire.

Larg., 1 m. 88.

ÉCRANS ET SIEGES

EN TAPISSERIE

PARAVENT DE LA SAVONNERIE

335 — Grand canapé à joues en bois sculpté à fleurs, couvert en tapisserie à gros bouquets de fleurs et fruits sur fond bleu. Commencement du XVIIIe siècle.

Larg., 1 m. 95.

336 — Écran en bois sculpté et doré, à feuille de tapisserie de la Manufacture royale de Beauvais, du temps de la Régence, présentant une femme drapée à l'antique et jouant de l'orgue. Au-dessus d'elle, un dais.

Hauteur de la feuille, 75 cent.; larg., 54 cent.

337 — Écran en bois sculpté et doré à fleurs. Feuille en tapisserie du temps de Louis XV, présentant le sujet : le Lion et le Moucheron, d'après La Fontaine. Encadrement de fleurs et rocailles sur contrefond rouge.

Hauteur de la feuille, 75 cent.; larg., 65 cent.

338 — Fauteuil en bois sculpté, à quadrillés et coquilles, couvert en tapisserie du temps de Louis XV, présentant, sur le dossier, un paysan faisant danser son chien en jouant du flageolet et, sur le siège, un écureuil. Encadrement de fleurs, fond blanc.

Larg., 63 cent.

339 — Canapé en bois sculpté, couvert en tapisserie à corbeilles de fleurs, bouquets, guirlandes, etc..., sur fond blanc, avec encadrements de rocailles, feuillages et fleurs sur fond bleu. Époque Louis XV.

Larg., 2 mètres.

340 — Écran en bois sculpté et doré : feuille en tapisserie d'Aubusson, du temps de Louis XVI, présentant un petit dénicheur d'oiseaux. Encadrement de fleurs et draperies.

Haut., 80 cent.; larg., 64 cent.

341 — Six fauteuils en bois sculpté à moulures, couverts en tapisserie d'Aubusson à fleurs sur fond bleu, avec encadrements de fleurs sur fond vert, d'époque Louis XVI.

Larg., 61 cent.

342 — Canapé et deux fauteuils en bois sculpté et doré, à entrelacs et feuillages, couverts en tapisserie d'Aubusson, du temps de Louis XVI, à gros bouquets de fleurs et rubans se détachant sur fond blanc encadré de feuillages, rubans et guirlandes de fleurs.

Largeur du canapé, 1 m. 65.
Largeur du fauteuil, 63 cent.

343 — Grand paravent à six feuilles, en tissu de la Savonnerie. Les feuilles variées présentent chacune une réserve bleue contenant des oiseaux et se détachant sur un fond jaune chargé d'attributs divers : torches, carquois,

aiguières, paniers fleuris, serpes, fleurs, fruits et bosquets, avec vases de fleurs en bas. Époque Régence.

Haut., 2 m. 75 ; largeur d'une feuille, 63 cent.

TAPISSERIES

344 — Panneau ovale en tapisserie de la Manufacture royale des Gobelins : portrait de Louis XV en buste, portant l'armure, avec le collier de l'Ordre de la Toison d'Or, et revêtu d'une draperie fleurdelisée. Il est vu presque de face et se détache sur fond bleu. Époque Louis XV. Encadré.

Grand diam., 64 cent.; petit diam., 54 cent.

345 — Petit panneau en tapisserie de la Manufacture royale des Gobelins, présentant une figure de personnage à mi-corps, couronné, ailé, ayant des pieds de faune et émergeant d'une cassolette enguirlandée de fleurs. Fond rouge et bleu. D'après *Noël Coypel*. Fragment des *Triomphes des dieux*. Époque Louis XIV. Encadré.

Haut., 77 cent.; larg., 60 cent.

Vente Lelong.

346 — Tapisserie rectangulaire de la Manufacture royale des Gobelins : *les Enfants jardiniers*, d'après *Lebrun*. Composition de quatre figures d'enfants, occupés à cueillir des fleurs dans un jardin. Au fond, une

clairière entourée d'arbres. Bordure de feuilles, fleurs, avec cartouches aux angles. XVIIIe siècle.

Haut., 2 m. 15 ; larg., 2 m. 60.

347 — **Plafond** en tapisserie de la Manufacture royale des Gobelins, direction de *Cozette*, année 1766, signé et daté. Il présente une divinité montée sur un dragon ailé, occupée à détruire un temple, d'où s'échappent de nombreux amours éplorés. Deux génies, tenant l'un un vase, l'autre un fragment de colonne enguirlandée de fleurs, complètent le motif. En bas, un écusson avec monogramme A. R.

Long., 3 m. 15 ; larg., 3 m. 30.

348 — **Tapisserie** rectangulaire de la Manufacture royale de Beauvais, de la tenture des *Amours des dieux*, d'après *Boucher :* Mars et Vénus. Au premier plan, la déesse, à qui deux amours présentent un miroir; auprès d'elle, le dieu Mars, à demi nu, ayant à ses pieds son casque, son bouclier et son épée. A droite, deux suivantes contemplant la scène. Sur le côté gauche, une autre suivante tirant une draperie d'une pièce d'eau. Fond de paysage avec fontaine, vases de fleurs et arbustes ; cortège d'amours dans le ciel. Bordure simulant un cadre aux armes de France et de Navarre. XVIIIe siècle.

Haut., 3 m. 45 ; larg., 3 m. 75.

349 — **Tapisserie** rectangulaire de la Manufacture royale de Beauvais, direction de *Char-*

ron. Le Vol de la malle, de la tenture des *Bohémiens*, d'après *Casanova* : une bande de Bohémiens entoure une voiture attelée de trois chevaux et arrêtée dans la campagne. Une jeune dame, accompagnée d'un enfant et montée dans la voiture, donne l'aumône à une Bohémienne, pendant que deux Bohémiens essaient de voler une malle attachée derrière le véhicule. D'autres personnages de la bande sont groupés aux divers plans de la tapisserie. Sur le côté, à droite, des rochers et une cascade. Bordure simulant un cadre, avec la signature : *A. C. C. Beauvais*, précédée d'une fleur de lis. XVIIIe siècle.

Haut., 3 m. 10; larg., 1 m. 25.

350 — Tapisserie rectangulaire, en hauteur, de travail flamand du XVIIIe siècle, présentant une composition d'après Téniers : un paysan, accoudé sur son âne, écoute les récits d'un berger assis sur un rocher. Près d'eux, une laie allaitant ses petits. Fond de verdure avec ruines.

Haut., 3 m. 10; larg., 1 m. 25.

351 — Deux tapisseries rectangulaires, de travail italien du XVIIIe siècle, présentant, l'une, des personnages de la Comédie-Italienne, dansant dans la campagne au son d'une guitare ; l'autre, des personnages, également de la Comédie-Italienne, jouant à l'escarpolette. Fond de paysage. Bordure simulant un cadre.

Haut., 2 m. 90; larg., 3 m. 10 et 2 m. 80.

352 — Siège et dossier de fauteuil en tapisserie du temps de Louis XVI, décorés d'animaux dans des compartiments se détachant sur un fond vert chargé de guirlandes de fleurs.

Largeur du siège, 68 cent.

VITRINES

353 — Vitrine plate sur quatre pieds, en bois noir et cuivre.

Haut., 85 cent.; larg., 90 cent.; prof., 50 cent.

354 — Deux vitrines murales à fond de glace montées en fer et fermant à deux portes.

Haut., 2 mètres; prof., 41 cent.; larg., 1 m. 38.

355-357 — Trois vitrines murales montées en fer noirci et ouvrant à deux portes.

Haut., 2 m. 35; prof., 40 cent.; larg., 1 m. 45.

358 — Grande vitrine murale montée en fer et ouvrant à trois portes à coulisse.

Haut., 2 m. 20; prof., 45 cent.; larg., 3 mètres.

ÉCOLES PRIMITIVES

Tableaux Anciens

BRUEGHEL

(École de PIERRE II, D'ENFER)

Bruxelles, 1564 † Anvers, 1638.

359 — ***Les Œuvres de Miséricorde.***

Il s'agit de la première des *Œuvres de Miséricorde*, ayant pour objet les besoins matériels du prochain : « Donner à manger et à boire à ceux qui en ont besoin. » Et c'est une foule qui se rue sur les comestibles et les viandes qu'on lui distribue.

Panneau. Haut., 72 cent.; larg., 1 m. 06.

CORNEILLE DE LYON
(dit aussi Corneille de la Haye ou Claude Corneille)

La Haye, vers 1500 † 1574.

360 — *Portrait d'un homme jeune.*

Il est debout, légèrement tourné de trois-quarts à gauche, la main droite appuyée au coin d'une table couverte d'un tapis rouge, la main gauche tenant des gants et le pouce engagé dans le ceinturon. Il est vêtu d'un justaucorps sombre et d'un gilet à manches de soie violacée à crevés multiples. Une ruche blanche déborde légèrement du col. Il est coiffé, sur ses cheveux châtain foncé, d'une calotte sombre.

Panneau. Haut., 24 cent.; larg. 18 cent. 1/2.

CRANACH (Lucas-Sunder, dit)

Cranach, 1472 † Weimar, 1553.

361 — ***Portrait de Frédéric III, prince et duc de Saxe.***

Il est représenté en buste, tourné vers la droite, coiffé d'une toque de velours noir, la figure large, les cheveux et la barbe longs et frisés. Il est vêtu d'un pourpoint de velours noir, retenu sur l'empiècement de sa chemise par deux liserés noirs. Ses épaules sont recouvertes d'une étole de fourrure.

A droite, en haut, on lit : *Friderich der Dritte Churfürst und Herzog zu sachsen 1552.*

Le sujet repose sur une inscription ainsi libellée :

Friederich bin ich billig genant, Schœnfeld ist mein Vaterland,
Durch grosz Gedult, Vernunft und Glück. Wiederstand ich der Feinde Tück
Das Land ziert ich durch manch Gebæu, stifft die Hoheschul aufs neü,
Zu Wittenberg in Sachsen Land, In der Welt sehr wol bekant,
Denn aus derselb kam Gottes Wort, Und Lehren hin an manchen Ort,
Das Pæpstlich Reich stürtzt ich danieder Und bracht den rechten glauben
Zum Kaiser ward erkohren ich, Des mein Alter beschweret sich, [wieder,
Dafür war Kaiser Carl erwæhlt, Von den mich nicht wandt gunst noch geld.

Dimensions vues : Haut., 21 cent.; larg., 14 cent.

CRANACH (Lucas Sunder, dit)

362 — *Jésus et les Enfants.*

C'est la signification réelle de la parole évangélique : « Sinite parvulos venire ad me » (Évangile selon saint Matthieu).

Jésus est debout, de trois-quarts à droite, vêtu d'une tunique bleue. Il porte, sur sa main gauche, un enfant nu, contre la joue duquel il appuie sa lèvre ; et, de la main droite, il presse la poitrine d'un autre enfant, nu également, que lui présente une jeune femme placée en contre-bas et vêtue d'un costume rouge ; cette femme est vue de profil à gauche et lève vers Jésus des regards suppliants. Autour de Jésus, d'autres jeunes mères portent leurs enfants, les unes contre leur sein découvert et nourricier, les autres près de leur épaule. A gauche, l'une de ces mères, la tête enveloppée d'une « guimple » blanche, laisse son enfant jouer avec les cheveux blonds de Jésus. Près des femmes et s'appuyant ou se tenant à leurs robes, des enfants sont debout, la tête levée, les regards touchés et étonnés par la Foi (1) ; enfin, à gauche, les disciples forment un groupe et causent entre eux. Dans le haut du panneau, on lit cette inscription : *Und sie brachten kindlein zu im das er sie anrurcite marcus AM. X.*

Panneau. Haut., 80 cent. ; larg., 1 m. 21.

(1) Deux de ces enfants nous fournissent un document curieux sur les jeux du temps de Cranach : l'un, celui de gauche, cuirassé, tient à la main un jouet, un « cheval-bâton », et celui de droite tient à la main un flageolet.

GOLTZIUS (Henri)

Mulbracht, 1558 † Haarlem, 1617.

363 — « *Naturæ sequitur semina quisque suæ* ».

Cette peinture a été faite en vue d'une gravure célèbre où elle figure sous le titre que nous donnons plus haut. La composition se présente dans un décor architectural : une partie centrale flanquée de deux groupes portés par des consoles, surmontée par un fronton à figures couchées et terminé par un large cul-de-lampe dans lequel sont insérés deux cartouches : l'un rectangulaire, l'autre ovale.

Dans la partie centrale, une femme (désignée dans la gravure par le mot *Beneficentia*), le torse nu et la jambe droite dérobée sous une draperie rouge et bleue, est assise sur un fauteuil de style byzantin. Elle va saisir de la main droite un croissant que lui présente une femme à moitié nue, tandis que, derrière elle, un vieillard, nu également, un genou appuyé sur une tête de mort et des serpents jouant autour de sa cuisse gauche, boit son sang qu'il puise à l'artère de son bras gauche, tandis que, de la main droite, il appuie contre le torse de la femme un poignard.

La femme au croissant symbolise l'aurore de la vie, le vieillard symbolise le soir et la fin de la vie, et ces deux symboles sont exprimés une nouvelle fois : au pied de la femme, par un lion jouant avec un jeune chien, et par une bière placée au-dessous du vieillard, et qui, dans la gravure, porte cette inscription : *Mors oblivio*.

Dans le fond, on aperçoit, à gauche, un monolithe en forme de pyramide; puis, derrière les figures, une construction sur le mur de laquelle brille un soleil. Dans la construction, une niche creusée est occupée par une statue de la Justice, qui, dans la gravure, porte cette légende : *Quantum fert equitas.*

Les deux groupes, de chaque côté de cette partie principale, sont composés d'une femme, d'un corps d'homme et d'un enfant qui apparaît à la lumière.

A gauche, la femme a le pied sur un carquois de flèches et un coquillage, et elle lève les mains vers des fruits qui pendent à une guirlande. Un éphèbe se penche vers l'enfant qui naît et lui souffle au visage. La gravure dit, en haut : *Pura do capiog 3 mann,* et, en bas : *Bona indoles.*

Dans le groupe de droite, la femme écrase de son pied vainqueur, un animal fabuleux, tandis que, derrière elle, un vieillard souffle au visage de l'enfant qui naît ; la main de la femme se tend vers des pavots suspendus à une guirlande. La gravure dit, dans le haut : *Pro Myrrha aconita,* et, dans le bas : *Malignitas.*

Le fronton porte deux femmes couchées de chaque côté et allaitant des enfants. Sous ce fronton se trouve, dans la gravure, l'inscription suivante :

Ingratis servire nefas
Non perit, bonis quod fit bene.

Enfin, dans le bas, le cartouche rectangulaire est occupé par les huit vers suivants :

Ponde animum, cœlo radios ceu Phœbus aperto
Improbitas, nullo flectitur officio.
Insigni merito jam structa calvmnia, Noxa
Gratia ; vel preceps que ferat exitium.
Indolis ingenue testes mihi prompta voluntas :
Candida laus ; dubis tempore certa fides.
Numpe homini natura parens eadem noverca est.
Prodit et ipsa suis ; utra sit, indicys.

P. Hogert.

Le cartouche placé au-dessous contient une dédicace.

Sous le cartouche rectangulaire, on lit la signature : *H. Goltzius, f., 1582.*

Panneau. Haut., 61 cent.; larg., 46 cent.

RAFFAELLINO DEL GARBO
(École de)

364 — Polyptyque :

La Vierge et l'Enfant Jésus.

Saint Pierre.

Saint Paul et deux anges.

En cinq parties.

Panneau du milieu. Haut., 2 mètres; larg., 83 cent.
Panneaux latéraux. Haut., 1 m. 12; larg., 55 cent.
Et : haut., 44 cent.; larg., 35 cent.

ÉCOLE ALLEMANDE

Fin du XVe siècle.

365 — *Jésus ressuscitant une morte.*

On l'emmenait vers la tombe, et voici que Jésus, rencontrant le cortège, dessine un geste de bénédiction de sa main droite, et celle que l'on croyait morte se relève, les mains jointes. Derrière elle le père, les yeux mouillés de larmes, et des femmes assistent au miracle, avec une foi confuse.

Le sujet de cette œuvre est emprunté à un texte de l'Évangile de saint Matthieu.

Panneau. Haut., 84 cent.; larg., 69 cent.

ÉCOLE FLAMANDE

Commencement du XVIe siècle.

366 — *La Mise au tombeau.*

Joseph d'Arimathie et Nicodème déposent le Christ mort dans le tombeau. Au-dessus du Christ, la Vierge se penche, tandis que, derrière elle, saint Jean l'Aéropagiste, sainte Madeleine et sainte Marie, mère de Jacques, assistent avec des larmes à cet acte ultime de la tragédie sacrée.

Panneau. Haut., 67 cent.; larg., 97 cent.

ÉCOLE FLAMANDE

XVe siècle.

367 — *Portrait d'une donatrice, assistée d'une suivante portant une couronne.*

Dans le haut, un ange en prières; au fond, un paysage.

Panneau. Haut., 50 cent.; larg., 37 cent.

ÉCOLE FLAMANDE

XVe siècle.

368 — *La Vierge et l'Enfant Jésus.*

Elle est assise, vêtue de vert foncé, et elle offre son sein nourricier à l'Enfant Jésus, qu'elle tient devant elle de la main droite et assis sur un coussin. Au-dessus de la Vierge, deux anges portent une couronne. Derrière la Vierge, on aperçoit un paysage animé de figures.

Panneau. Haut., 50 cent.; larg., 37 cent.

ÉCOLE FLORENTINE

XVIe siècle.

369 — *Saint Dominique, abbé mitré, et saint Grégoire, pape.*

Diptyque dans un cadre de style ogival tertiaire. Chaque panneau est trilobé.

Haut., 1 m. 08; larg., 49 cent.

ÉCOLE FRANÇAISE

XVe siècle.

370 — *Saint Martin et le mendiant d'Amiens.*

C'est le moment où le saint va couper sa chlamyde, pour en donner le plus large morceau au mendiant d'Amiens. (Voir *la Vie de saint Martin*, par Laurens et par Fortunat.)

Panneau. Haut., 1 m. 30; larg., 1 m. 38.

ÉCOLE ITALIENNE

371 — *La Visitation.*

Marie vient visiter sa cousine, sainte Élisabeth, qui, dès qu'elle l'entend, la salue de ces paroles : « Vous êtes bénie entre toutes les femmes et le fruit de vos entrailles est béni... » (Évangile de saint Luc).

Toile de forme cintrée.
Haut., 1 m. 62 ; larg., 1 m. 67.

ÉCOLES

DES XVIIe ET XVIIIe SIÈCLES

Tableaux Anciens

BELLOTTO

(BERNARDO, dit aussi CANALETTO)

Venise, 1724 † Warschau, 1780.

372 — *Un Canal à Venise.*

Entre les rives du canal, bordé de palais, à droite et à gauche, les gondoliers passent. Au fond, on aperçoit la Piazetta, le Palais des doges, etc.

Toile. Haut., 51 cent.; larg., 89 cent.

BOILLY (Louis-Léopold)

1761-1845.

373 — *Le Clavecin.*

Elles sont toutes deux debout dans un salon. La grande sœur, vue de dos, lit une partition posée sur un clavecin. Près d'elle, sa sœur cadette s'appuie tendrement à son bras gauche.

Panneau. Haut., 46 cent.; larg., 39 cent.

Sous le même titre, Boilly a peint le même sujet, mais dans des dimensions plus petites (24×18).

BOUCHER (FRANÇOIS)

Paris, 1703 † Paris, 1770.

374 — *Chasse au tigre.*

Les chasseurs, à pied ou à cheval, luttent contre le tigre et, sur le sol, un jeune éphèbe est renversé, vaincu par le fauve.

Signé à droite, en bas : *F. Boucher.*

Toile. Haut., 74 cent.; larg., 55 cent. 1/2.

A été gravé par Flipart.

BOUCHER (Atelier de FRANÇOIS)

375 — *Le Dessin.*

Des amours sont en train de dessiner d'après des bas-reliefs. L'un d'eux s'est interrompu pour réfléchir, tandis que, près de lui, des colombes roucoulent autour d'un carquois. Dans le fond, différents éléments d'atelier : moulage, album, palette, etc.

Toile. Haut., 1 m. 13; larg., 1 m. 42.

CHALLES (CHARLES-MICHEL-ANGE)

Paris, 1718 † Paris, 1778.

376 — *Deux Peintures décoratives à sujets allégoriques.*

Toiles. Haut., 1 m. 48; larg., 74 cent.

DROLLING (Martin)

Oberbergheim, 1752 † Paris, 1827.

377 — *Portrait du Dauphin, qui fut plus tard Louis XVI.*

Il est représenté de trois-quarts à gauche, debout, jusqu'à mi-corps, en habit gris brodé d'or, et portant ses ordres : Saint-Esprit, Saint-Louis et Toison d'Or. Signé à gauche, en bas : *f. Drolling, 1772.*

Toile. Haut., 62 cent. ; larg., 55 cent.

Ce portrait proviendrait du Palais des Tuileries.

HUET (Jean-Baptiste)

Paris, 1745 † Paris, 1811.

DEUX PENDANTS

378 — *Oiseaux exotiques dans des paysages.*

Signés à droite, en bas : *J.-B. Huet.*

Panneaux. Haut., 63 cent.; larg., 46 cent.

LAJOUE (Jacques de)

1687 † Paris, 1761.

379 — *Récréation dans le parc.*

Dans le fond d'un parc, auprès d'une fontaine, le gentilhomme et sa famille se sont arrêtés; lui, en gilet jaune et habit héliothrope, se tient debout, le chapeau à la main, sans remarquer son chien qui guette une caresse. Près de lui, sa jeune femme s'est assise sur un banc de pierre et pose sa main protectrice et tendre sur l'épaule de son fils, en habit bleu, qui s'amuse avec un jouet à roulettes.

Au-dessus du décor architectonique, on aperçoit les frondaisons épaisses du parc, mordorées par l'automne.

Toile. Haut., 73 cent.; larg., 92 cent.

LAWRENCE (D'après SIR THOMAS)

Bristol, 1769 † Londres, 1830.

380 — *Portrait du duc de Richelieu.*

Il est représenté jusqu'à mi-corps, la tête tournée à gauche, le cou enserré dans la cravate blanche à trois tours. Il est vêtu d'un habit foncé boutonné, marqué par la croix du Saint-Esprit, dans le revers duquel on aperçoit un ruban bleu.

Portrait peint dans un ovale, avec des écoinçons de dessins architectoniques.

Toile. Haut., 90 cent.; larg., 78 cent.

LE BRUN
(Mme LOUISE-ÉLISABETH VIGÉE)

Paris, 1755 † Paris, 1842.

381 — *Portrait de la Comtesse Regnault de Saint-Jean-d'Angély (Laure de Bonneuil).*

Elle est représentée en muse, debout, la tête tournée de face; elle est attentive du regard et de l'ouïe aux accents de sa lyre, qu'elle tient de la main gauche, appuyée sur un tertre vêtu de mousse, et dont elle pince les cordes de la main droite. Elle est vêtue d'une stola jaune sur laquelle est jetée une draperie rouge. Son bras gauche est nu, son cou se dégage largement de sa chemise, attachée sur l'épaule par un bouton de métal. Son visage est d'une grâce enchanteresse; sa bouche, aux lèvres roses et sensuelles, est d'un dessin souple : elle parle, elle chante peut-être, elle laisse apercevoir comme une caresse lumineuse l'émail de ses dents blanches. Sur son front, ses cheveux châtain foncé, où passe un ruban rouge, jouent en folles bouclettes ; son nez a des ailes frissonnantes, et ses yeux seraient emplis de tendresse, s'ils ne s'ouvraient tout grands à la clarté d'un rêve. La figure se détache sur un fond de grotte, dont l'échancrure rocheuse laisse apercevoir un ciel bleu et une mer lointaine.

Panneau. Haut., 1 m. 16; larg., 86 cent.

OUDRY (Jean-Baptiste)

Paris, 1686 † Beauvais, 1755.

PENDANT DU SUIVANT

382 — *Le Lièvre.*

Les chasseurs ont attaché par la patte, à une branche, un lièvre et une perdrix rouge et, près de ces deux bêtes, le chien vient flairer un régal qui ne lui est pas permis encore. Près du lièvre, une corbeille dans laquelle se trouvent des abricots et des prunes. A gauche, sur le sol, des cailles et des perdreaux et, au fond, un paysage boisé sous un ciel d'azur.

Toile. Haut., 92 cent.; larg., 1 m. 40.

Anciennes collections Crillon et de Polignac.

OUDRY (Jean-Baptiste)

PENDANT DU PRÉCÉDENT

383 — *Après la Chasse.*

On a accroché à une branche et déposé au pied d'un arbre, ce que la chasse a donné : lièvre, canard sauvage, faisan, etc., et, près de ces victimes, le fusil est déposé. A gauche, le chien, l'œil sérieux, garde ces victimes. Au fond, du même côté, un paysage ensoleillé sur l'autre bord d'une rivière.

Toile. Haut., 92 cent.; larg., 1 m. 41.

Anciennes collections Crillon et de Polignac.

PETERS (École de Bonaventure)

Anvers, 1614 † Hoboken, 1652.

PENDANT DU SUIVANT

384 — *Combat naval.*

Monogramme *B. P.* sur une épave, à gauche.

Toile. Haut., 57 cent.; larg., 83 cent.

PETERS (École de Bonaventure)

PENDANT DU PRÉCÉDENT

385 — *Combat naval.*

Toile. Haut.. 57 cent.; larg., 83 cent.

ROBERT (Hubert)

Paris, 1733 † Paris, 1808.

386 — *L'Escalier en ruines.*

L'escalier s'ouvre sous une haute arcade de pierre et ses degrés, aux morceaux disjoints, s'offre à un vieillard qui descend et à des personnes qui viennent de monter. Dans le haut de la voûte en pierre, une poutre est insérée, soutenue par une autre poutre. A gauche, en bas, deux personnages, un homme et une femme, sont arrêtés, mais le geste de la femme précise qu'ils vont monter tous deux l'escalier. Au devant de la ruine, près de laquelle deux pierres se sont écroulées, le sol est en partie tapissé de plantes parasites. Sous l'arcade de pierre, on aperçoit un ciel gris nuageux.

Signé à droite, en bas : *H. Robert, 1776.*

Toile. Haut., 77 cent. 1/2; larg., 64 cent. 1/2.

N. B. — Cette peinture proviendrait des biens du comte d'Artois.

ROBERT (Hubert)

387 — *Ruines antiques.*

Toile. Haut., 71 cent.; larg., 95 cent.

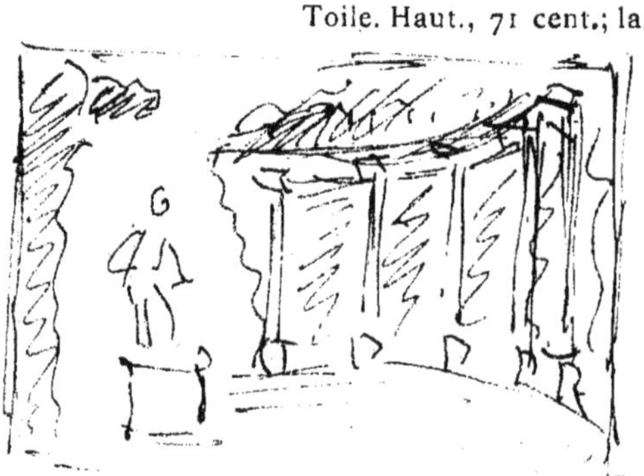

ROSLIN (ALEXANDRE)

Malmoe, 1718 ✝ Paris, 1793.

388 — *Portrait de Mme Roslin, née Suzanne Giroust.*

Elle est assise dans un fauteuil canné ; elle regarde vers la gauche de toute la puissance de ses grands yeux noirs ; elle sourit ; elle est aimable ; elle a de la grâce, cette grâce spéciale par laquelle les femmes d'autrefois savent continuer leur séduction à travers les siècles.

Elle est vêtue d'un costume rose sur lequel jouent des mousselines à dentelles d'argent. Au bord de son corsage, décolleté en carré, un petit bouquet de fleurs des champs s'épanouit sur la tiédeur de sa gorge ferme. Un rang de perles, noué par un ruban blanc, lui tient lieu de collier. Dans ses cheveux poudrés, tirés sur les tempes, elle a piqué quelques fleurs. De ses deux mains, elle tient un feuillet de musique manuscrite, musique de chant qu'elle s'interrompt de déchiffrer pour regarder son peintre et son époux. Son bras gauche s'appuie sur une coiffeuse à miroir, dont la tablette porte en désordre un loup de velours noir, des gants blancs, un éventail bleu, etc.

Toile. Haut., 92 cent. ; larg., 73 cent.

Provient des descendants de l'artiste.

388 et 389 remis et revendus – 72550 à Sortais

ROSLIN (Alexandre)

25 000 / 36 300 Feral

389 — *Portrait du peintre par lui-même.*

Il est assis de trois-quarts, à droite, très d'aplomb, la jambe droite croisée sur le genou gauche, le torse carrément appuyé contre le dossier du fauteuil, garni de velours vert. Il est coquettement vêtu d'un costume de satin bouton d'or, brodé de bleuets et de pervenches. Il porte la croix de commandeur de l'ordre suédois, sur le ruban de laquelle joue la dentelle du jabot. Sa tête se tourne, expressive, vers le public. Les lèvres vont parler; le nez a une spirituelle insolence; ses yeux doivent aimer le rire jusqu'aux larmes, et ils sont transparents et pétillants de verve. La perruque poudrée est strictement coiffée à marteaux, avec une cadenette de ruban noir qui apparaît derrière l'épaule.

Le peintre tient de ses deux mains sa palette et son pinceau, et devant lui, sur un chevalet, on aperçoit le portrait célèbre qu'il fit de Gustave-Adolphe, roi de Suède.

Toile. Haut., 1 mètre; larg., 80 cent.

Provient des descendants de l'artiste.

STEEN (Jan)

Leyde, 1626 † Leyde, 1679. *Je le crois mauvais*

20 000 / 4 400 Palm 4 r. d'Alger

390 — *Le Buveur galant.*

Un coin de cabaret. Debout, près d'un tonneau qui sert de table, une jeune femme, tenant un pichet de la main droite, est en train de boire. Elle est coiffée d'un bonnet blanc garni de dentelle et porte un col rouge sur son corsage gris débraillé. Assis devant elle, un buveur émerillonné caresse de sa main gauche la main gauche de la femme, et palpe, de sa main droite, sa maternité future. Près de ce galant, un jeune villageois se renverse sur son siège, épanoui de rire, et tenant de la main droite un verre à demi rempli. A gauche, un garçon de cabaret est en train de puiser de la bière à un tonneau. Au fond, plusieurs figures entrent, disposées à boire avec joie. Dans le coin droit, en haut, on aperçoit une cage dans laquelle se trouve un oiseau.

Signé : *J. Steen f.*

Toile. Haut., 88 cent.; larg., 76 cent.
Hauteur primitive, 83 cent.

SILVESTRE (CHARLES-FRANÇOIS DE)

Paris, 1667 ✝ Paris, 1738.

391 — *La Fille du Régent.*

Toile. Haut., 81 cent., larg., 65 cent.

VELDE (Attribué à ADRIAEN VAN DE)

Amsterdam, 1636 ✝ Amsterdam, 1672.

392 — *Le Moulin.*

A gauche, le moulin dresse vers le ciel, plein de lumière et d'azur, ses ailes, à l'une desquelles un gamin se suspend. Devant le moulin, un canal s'étend, où des barques et des bateaux de pêche sont amarrés. Au premier plan, des pêcheurs s'en reviennent gaîment. Quelques volatiles cherchent leur vie sur le sol. A gauche, derrière le moulin, on aperçoit un bois aux frondaisons touffues. Au fond, on devine une ville sous la lumière. Sur le bandeau d'un sloop de pêche, on remarque un monogramme.

Panneau. Haut., 27 cent. ; larg., 47 cent.

VELDE
(Attribué à Willelm van de, le Jeune)

Leyde, 1633 † Greenwich, 1707.

PENDANT DU SUIVANT

393 — *La Tempête.*

Les vagues sont soulevées. Les bateaux et les frégates roulent sur le flot, tandis que, dans le ciel, d'énormes nuages se ruent, roulent, se fondent, prêts à crever en tempête. A gauche, sur le sol, les guetteurs d'épaves attendent.

Toile. Haut., 57 cent. ; larg., 1 m. 08.

VELDE
(Attribué à Willem van de, le Jeune)

PENDANT DU PRÉCÉDENT

394 — *Le Calme.*

La mer est calme, les bateaux sont à l'ancre et la frégate royale salue d'un coup de canon une flotte aperçue au loin.

Toile. Haut., 57 cent. ; larg., 1 m. 08.

Tableau Moderne

MONTICELLI

395 — *David jouant de la harpe devant Saül.*

Au fond du parc, devant le roi, Saül fait vibrer les cordes de sa harpe. Devant le roi, des femmes s'inclinent, tandis que, vers la droite, les épouses reçoivent des fruits et des fleurs de suivantes, aux gestes respectueux. Toute l'œuvre est enveloppée de clarté chaude.

Signé à gauche, en bas : *Monticelli.*

2000

750

Bousquet pour Camentron

Panneau. Haut., 43 cent.; larg., 68 cent. 1/2.

Miniatures, Pastels, Dessins et Gouaches

BLARENBERGHE
(HENRI-DÉSIRÉ VAN)

Lille, 1734 † Paris, 1812.

396 — *Bataille.*

Gouache de forme ovale.
Signée à droite, en bas : *Van Blarenberghe, 1786.*

Haut., 20 cent.; larg., 25 cent.

BOUCHER (École de FRANÇOIS)

397 — *Les Pêcheurs.*

Au bord de la rivière, les pêcheurs sont arrêtés. A droite, au fond, un pont rustique conduit d'une rive à l'autre; puis, au milieu des arbres d'un bois, on aperçoit une construction au toit de tuiles rouges.
Gouache.

Haut., 40 cent; larg., 53 cent. 1/2.

EDRIDGE (Henri)

Paddington, 1769 + Londres, 1821.

398 — ***La Comtesse Wilson et son fils.***

Dessin au crayon, rehaussé de rose.
Signé à droite, en bas : *Edridge, 1799*.

Haut., 30 cent. 1/2; larg., 22 cent. 1/2.

HUET (Jean-Baptiste)

Paris, 1745 + Paris, 1811.

399 — ***Portrait de jeune femme.***

De profil à droite.
Dessin au crayon.
Signé en bas, à gauche : *J.-B. Huet, 1799*.

Haut., 17 cent. 1/2; larg., 15 cent.

TIEPOLO (J.-B.)

400 — ***Tête de vieillard.***

Dessin à la sanguine, sur papier bleuté.
A droite, en bas, le cachet d'une collection.

Haut., 30 cent.; larg., 21 cent.

Vente Defer-Dumesnil.

VALADE (JEAN)

Poitiers, 1709 † Paris, 1787.

3000 – 4000 Auguste Savard

401 — *Portrait de femme.*

Elle est assise, en costume blanc égayé de rubans roses ; gentiment, les yeux pleins de sourire, la bouche aimable, elle joue de la guitare.

Pastel.

Haut., 79 cent.; larg., 64 cent.

VIGÉE (LOUIS)

† 1767.

2000 – 550

402 — *Portrait de jeune femme.*

Elle est vêtue de bleu et représentée de trois-quarts à droite, la tête tournée presque de face. Son manteau est bordé de petit gris et de mousseline brodée.

Pastel.

Roger Bollack 49 av. Villiers

Haut., 63 1/2 ; larg., 52 cent.

VIGÉE (LOUIS)

500 – 160 le même

403 — *Portrait de femme.*

Elle est représentée jusqu'à mi-corps, la tête presque de face, en costume bleu clair, avec un manteau bleu de roi bordé d'hermine. Elle est coiffée, sur ses cheveux poudrés, d'un petit bonnet de point coupé orné d'un ruban bleu. Un ruban de velours noir lui tient lieu de collier.

Pastel.

Signé à droite, vers le milieu : *L. Vigée, pinxit.*

Haut., 63 1/2; larg., 52 cent.

361 . 2900 / 3480
373 . 21100 / 19800
376 . 5000 / 4800
377 . 4250 / 4250

261 . 2000 / 6000

270.1 . 4700 / 6900

269 . 14000 / 28500

267 . 5000 / 14000

2000
4700
14000
5000
2900
4250

24000
6200
3600
4000

70650
7065

www.ingramcontent.com/pod-product-compliance
Ingram Content Group UK Ltd.
Pitfield, Milton Keynes, MK11 3LW, UK
UKHW031923260826
14628UKWH00003B/1372

9 782329 533568